설민석의 초등 한국사 ③

조선편

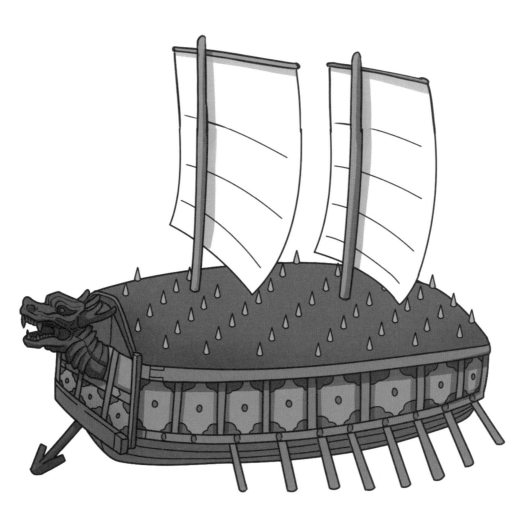

우리 아이를 둔 학부모님께

사랑하는 우리 아이를 둔 아버님, 어머님 안녕하십니까.
우리의 역사를 보다 재미있고 쉽게, 널리 알리고자 노력하고 있는
설민석입니다.

그동안 초·중등 대상 학습 교재와 강의에 대한 많은 문의가 있었습니다.
오랫동안 시장 조사와 교재 및 강의를 연구한 끝에 설민석의 오픈아이
초등 한국사 시리즈로 인사드리게 되었습니다.

교과서는 물론, 시중의 학습 교재와 강의의 장단점을 철저히 분석하여
장점은 극대화하고 단점은 최소화하였습니다.
단순히 지식만을 담아 초·중등학교 시험 대비로 그치는 것이 아니라 실제
역사 속 인물에 공감하고 하나의 사건을 다양한 시작으로 볼 수 있는 단원도
따로 구성하였습니다. 역사 논술은 물론 삶의 지혜까지 담은 훌륭한 교재를
만들려고 노력하였습니다.

학습 만화, 소설, 강연 등을 통해 전달해 드렸던 재미와 감동을
이제는 초등 학습서와 강의로 전하고자 합니다.
설민석의 오픈아이 초등 한국사를 통해 우리 아이와 함께 밝은 미래를
그려나가겠습니다.

우리아이
오픈아이
단꿈아이

이 책의 구성과 특징

1

또 다른 모험의 시작

한국사 대모험 시리즈에 등장하는 인물을
통해 우리 한국사를 공부하는 이유를
애니메이션으로 표현한 코너입니다.
한국사 대모험을 통해 가슴에 의식을
담았다면, 설민석의 오픈아이 초등 한국사는
여러분의 머릿속에 지식을 담아줄 것입니다.

2

오픈아이

베스트셀러인 한국사 대모험 시리즈의
주인공들이 시간 여행을 떠나면서 단원별
핵심 주제와 관련된 일화를 애니메이션으로
표현하였습니다.
6컷 만화가 우리 아이의 흥미를 유발하여
공부를 재미있게 할 수 있도록 도와줍니다.
강의에서는 움직이는 무빙툰 영상으로
제작되어 찾아갑니다.

③

한판 정리

한판 정리는 초·중등 교육과정과 교과서, 한국사능력검정시험 기본편을 완벽하게 분석하여 단원별 핵심을 한눈에 볼 수 있도록 정리하였습니다.

초·중등 시험과 한국사능력검정시험에 최적화된 핵심 요약을 실제 설쌤의 강의와 함께 정리할 수 있습니다.

④

설쌤의 한국사 스토리텔링

설쌤의 강의를 들은 후 스스로 복습할 때 이해를 돕고자, 실제 설쌤의 강의를 줄글로 옮겨 두었습니다. 현행 교과서는 역사적 사실을 짧고 간결하게 서술하고 있습니다. 그래서 우리 아이가 학교 교과서로 공부할 때 이해하기 어려운 부분을 설민석의 오픈아이 초등 한국사에서 모두 풀어 설명해 드립니다. 실제 설쌤의 음성 지원 효과와 함께 학습할 수 있습니다.

이 책의 구성과 특징

5

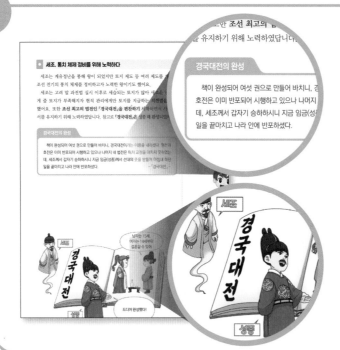

자료보기

초·중등 교과서와 한국사능력검정시험에 나오는 자료 중 현행 교육과정에서 다루는 필수적인 자료를 수록하였습니다. 또한 우리 아이의 흥미를 높이고자 단원별 핵심 장면을 애니메이션 형식으로 넣었습니다. 단순히 자료를 확인하는 것이 아닌, 설쌤의 강의를 들으며 함께 살펴볼 수 있습니다.

개념 정리를 넘어 필수 자료까지 설민석의 오픈아이 초등 한국사를 통해 정리해 보세요.

6

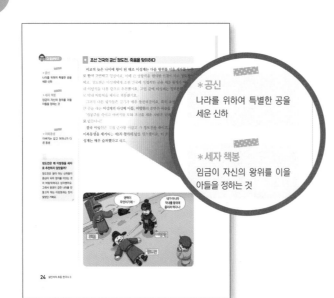

더 알아보기

한국사 공부를 어렵게 하는 생소한 단어에 대한 설명을 풀어서 설명해줍니다.

또한, 이해를 돕기 위한 추가 자료(역사적 사료, 사진 자료 등)를 수록하여 우리 아이가 학습하는데 큰 도움을 줄 것입니다.

7

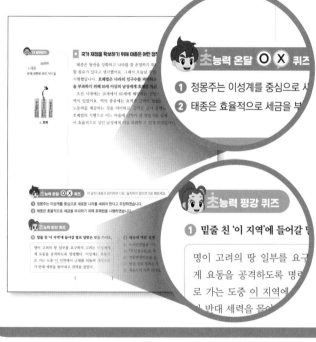

초능력 온달 O, X 퀴즈

초등학교·중학교 교육과정에 명시된 핵심 주제를 바탕으로, 실제 학교 시험에 나오는 중요한 포인트를 O, X 퀴즈 형식으로 제작하였습니다.

초능력 평강 퀴즈

실제 학교 시험 문제와 동일한 유형과 난이도로 제작한 초능력 평강 퀴즈는 우리 아이가 학교 시험을 대비할 수 있도록 도와줍니다.

8

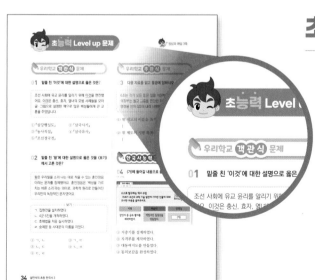

초능력 Level up 문제

단원별 학습 내용을 바탕으로 자체 제작한 객관식, 주관식 문제를 풀어보며 개념을 되짚어 볼 수 있습니다.
또한, 실제 한국사능력검정시험 문제를 풀어보며 시험에 대한 실전 감각을 높일 수 있도록 도와드립니다.

이 책의 구성과 특징

9

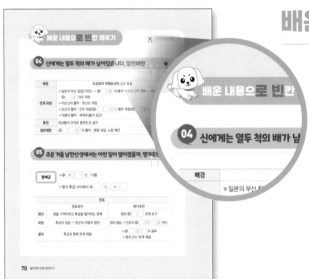

배운 내용으로 빈칸 채우기

대단원이 마무리될 때, 앞서 배운 핵심 개념에 대한 빈칸 채우기를 하며 내용을 되짚어 볼 수 있습니다.

단순히 읽고 끝나지 않도록, 머릿속에 지식을 채워 넣을 수 있는 복습의 기회를 제공해 드립니다.

10

설쌤의 지식 오픈!

배운 대단원과 관련된 인문학 지식을 소개하고 그와 관련된 생각을 자유롭게 적어볼 수 있습니다.

현행 교육과정에서는 알기 어려운 다양한 역사 관련 이야기가 수록되어 있습니다.

설쌤의 지식 오픈을 통해 우리 아이의 인문학적 지식을 넓혀 드립니다.

11

역사논술

지식의 습득도 중요하지만, 사고력을 높이는 것도 중요합니다.
역사논술 코너는 역사적 사실을 바탕으로 우리 아이의 생각을 논리적으로 서술할 수 있는 능력을 길러 줄 것입니다.

12

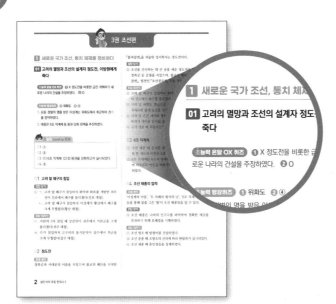

정답과 해설

퀴즈와 문제는 정답을 맞혔다고 하더라도 우리 아이가 정확하게 알고 풀었는지 한 번 더 확인해보아야 합니다.
친절한 해설을 통해 이해되지 않았던 부분도 완벽히 이해하여 내 것으로 만들 수 있도록 도와줍니다.

이 책의 차례

3권 조선편

3 혼란한 상황이 지속되다! 붕당 정치와 세도 정치

4 백성의 고통을 줄이기 위한 세금 제도와 서민 문화의 발달

정답과 해설

설쌤!
시간 여행할 수 있는
안경은 누가 만들어
준 건가요?

태건 역사 연구소의
장 박사님이
비밀리에
만들어주셨지~

역시
장 박사님
이네요!

설 박사!
아이들을 데리고
시간여행하느라
고생하였소!

고구려

덕분에 저도
즐거웠습니다.

우리 예비 사위 온달아!
고려에서는 무엇을
배우고 왔느냐?

팔만대장경이랑,
직지심체요절이랑…

잠깐만요!

아니 황대감!
갑자기 왜 그러느냐?

무슨 소리입니까?
팔만대장경과 직지심체요절은
중요한 고려의 문화재입니다!
온달이 제대로 공부하지
않았다뇨?

그렇다면
제가 온달에게
문제를 내도
괜찮겠습니까?

지금 온달이
대답하는 것은 아~주~
기본적인 것들 뿐입니다.
이는 제대로 공부하지
않았음을
의미합니다!

네! 무엇이든 물어보세요.
단, 아직 안 배운 건
문제로 내면 안 돼요!

좋다.
그럼 문제를 내겠다!

고려 광종 때 쌍기의 건의에 따라 시행된 제도는 무엇이냐?

과거제입니다!

그럼, 몽골의 침입을 부처님의 힘으로 막기 위해 제작한 고려의 문화재는 무엇이냐?

팔만대장경이요!

그러면 황대감께서는 팔만대장경의 원래 이름을 알고 계십니까?

뭐…? 뭐라고? 이 녀석이…!

설박사! 날이 갈수록 온달이 똑똑해지는구려. 남은 여행도 잘 부탁하오.

설마 재조대장경을 모르신다고요?

네! 온달이는 저에게 맡겨주십시오.

나의 딸 평강아! 그리고 나의 예비 사위 온달아! 여행하는 동안 몸조심하거라.

네!

네! 아버지.

설쌤! 이번에는 조선 시대로 떠나는 거죠?

맞아. 이제 출발해볼까?

네! 설쌤과 함께라면 이번에도 우린 승리할 거예요!

1 " 새로운 국가 조선, 통치 체제를 정비하다 "

1388년 · 위화도 회군
1392년 · 조선 건국
1400년 · 태종 즉위

오픈아이

설쌤! 우린 이제 어디로 가나요?

조선을 설계한 인물을 만나러 갈 거야!

저분이 조선을 설계한 정도전이란다.

살짝 왼쪽으로! 아니 다시 오른쪽으로! 삐뚤어졌네!

저… 혹시… 저게 무슨 글자인가요?

유교의 덕목인 '예'를 담은 숭례문이라는 글자일세.

설쌤! 문 이름을 왜 이렇게 특이하게 지었나요?

조선은 유교 국가이기 때문에 건물 이름에 유교의 덕목을 담아 짓는 경우가 많았어.

동대문인 흥인지문도 유교적 덕목인 '인'을 담은 거야.

오호! 훌륭하구려. 그대들은 어디 소속이오?

그게 저희는… 그러니까…

우리는 오픈아이 소속인데요?

오픈아이? 내가 설계한 조선에는 없는 부서인데…

안 되겠다! 얘들아 떠나자!

한판 정리

고려의 멸망과 조선의 건국

고려 말 상황	조선 건국 과정
• 홍건적의 침입 • 왜구의 침입 : 최영의 홍산 대첩, 최무선의 진포 대첩, 이성계의 황산 대첩 • 신흥 무인 세력 성장 : 최영, 이성계	• 위화도 회군 : 이성계의 권력 장악 • 신진 사대부 - 온건 개혁파(정몽주) : 고려 왕조 유지 - 급진 개혁파(정도전) : 새 왕조 건설 • 이성계 + 급진 개혁파의 조선 건국

한판 정리

 조선 태조와 태종의 업적

태조(이성계)	태종(이방원)
• 한양 천도, 경복궁 등 궁궐 건립, 한양에 시전 설치 • 정도전 : 『불씨잡변』·『조선경국전』 저술, 제1차 왕자의 난 때 이방원에 의해 사망	• 6조 직계제 시행 • 호패법 시행

고려 말의 상황에 대해 알아봅시다.

✱ 고려 말의 상황은 어땠을까?

고려 공민왕 무렵 원에서 반란을 일으킨 홍건적* 중 일부가 고려에 침입했고, 남쪽 해안에서는 해적 무리인 왜구*까지 침입해 백성들을 괴롭혔어요. 이처럼 고려가 위기에 빠진 순간, 고려에는 백성을 구하기 위한 뛰어난 장수들이 여럿 등장했어요.

최영과 이성계는 홍건적과 왜구의 침입을 물리치며 이름을 알리기 시작했어요. 당시 왜구의 침략이 얼마나 심했는지, 왜구는 강을 거슬러 올라가 내륙*까지 약탈*하고 수도인 개경까지 위협할 정도였어요.

이에 고려 정부는 홍건적의 침입을 무찌르며 이름을 날린 **최영을 홍산으로 보내 왜구를 크게 격파하고(홍산 대첩)**, 화약과 화포를 개발한 **최무선을 진포로 보내 왜선*을 모조리 불태워 버렸어요(진포 대첩)**. 그러자 배를 잃은 왜구들은 육지로 올라와 백성들을 괴롭혔는데, 이때 **이성계가 군대를 이끌고 황산으로 진격하여 남은 왜구를 크게 무찔렀어요(황산 대첩)**. 이 과정에서 최영, 이성계 등 **신흥 무인 세력**은 큰 힘을 가지게 되었습니다.

더 알아보기

✱홍건적
원에서 일어난 반란군으로, 머리에 붉은 두건을 둘렀다고 해서 홍건적이라 불림

✱왜구
일본인 해적

✱내륙
바다에서 멀리 떨어진 육지

✱약탈
폭력을 써서 남의 것을 억지로 빼앗음

✱왜선
일본 배

✱ 요동 정벌을 위해 떠난 이성계, 위화도에서 회군하다

고려 말 중국 땅에서 건국된 명이 원을 북쪽으로 쫓아낸 뒤 고려에 무리한 요구를 해왔어요. 바로 고려가 공민왕 때 되찾아 간 영토를 다시 내놓으라는 것이었지요. 이러한 명의 요구를 도저히 들어줄 수 없었던 우왕과 최영은 요동*을 공격하기로 결정했어요.

우왕과 최영은 이성계에게 군사 5만을 주고 요동을 정벌해 오라는 명령을 내렸어요. 이성계는 네 가지의 이유를 들어 요동 정벌을 반대했지만, 결국 요동 정벌을 위해 군사를 이끌고 떠나게 됐어요.

요동으로 향하던 이성계와 고려 군사들이 위화도에 도착했어요. 강을 건너면 바로 요동이었지만, 이성계는 요동 정벌이 무리라는 생각을 떨칠 수 없었어요. 결국 **이성계는 요동으로 가지 않고 위화도에서 말을 돌렸는데, 이를 위화도 회군***이라고 해요. 개경으로 돌아온 이성계는 우왕과 최영, 다수의 권문세족을 제거하고 권력을 장악했어요.

✱ **요동**
중국의 랴오허강(요하강)을 기준으로 동쪽 지역

✱ **회군**
군사를 돌려 돌아옴

이성계도 명령을 어기고 위화도에서 회군했지? 우리도 공부 열심히 하라는 말 어기고 놀러가자!

장맛비가 이리 내리는데 무슨 전쟁이야

조선의 건국 과정에 대해 알아봅시다

✳ 고려 말 등장한 신진 사대부는 어떤 나라를 꿈꿨을까?

고려 말 과거를 통해 중앙에 진출한 **신진 사대부**는 점차 세력을 키우며 권문세족과 대립했어요. 권문세족의 횡포와 홍건적, 왜구의 침입 등으로 나라가 혼란스러운 상황에서 신진 사대부들은 잘못된 것을 바로잡고 고려를 개혁해야 한다는 데에 뜻을 모았어요.

신진 사대부는 권문세족이 백성들의 토지를 빼앗아 대농장을 소유한 문제점을 바로 잡기 위해 **과전법을 실시**했어요. 과전법은 권문세족이 차지한 토지를 거두고, 관리에게 토지에서 세금을 거둘 수 있는 권리를 나누어준 제도예요. 이를 통해 권문세족의 힘을 약하게 만들고, 신진 사대부의 경제적 기반을 마련할 수가 있었어요.

하지만 고려의 개혁을 어떻게 할 것이냐를 두고 신진 사대부 사이에서 갈등이 시작되었어요.

 **더 알아보기**

✳횡포
제 멋대로 굴며 몹시 난폭함

✳개혁
제도나 기구 따위를 새롭게 뜯어 고침

✳ 두 세력으로 나뉜 신진 사대부, 조선은 어떻게 건국되었을까?

어지러운 고려를 바로잡기 위해서는 어떻게 해야 할까요? 신진 사대부들은 개혁의 방향을 둘러싸고 둘로 의견이 나뉘었어요. **정몽주로 대표되는 온건 개혁파는 고려 왕조를 그대로 유지하면서 여러 개혁 정책을 실시해야 한다고 주장**한 반면, **정도전, 조준 등으로 대표되는 급진 개혁파는 이미 썩어버린 고려 왕조를 버리고 새로운 나라를 세워야 한다고 주장**했어요.

위화도 회군으로 권력을 장악한 이성계는 정도전 등 급진 개혁파와 손을 잡고 새로운 나라를 세우기로 결정했어요. 고려 왕조를 지키려는 온건 개혁파는 이를 끝까지 반대했고, 이 과정에서 정몽주도 목숨을 잃고 말았지요. 결국 1392년, **이성계는 급진 개혁파와 함께 고려를 멸망시키고 새로운 나라, 조선을 건국**했답니다.

정몽주의 죽음

이성계의 다섯째 아들인 이방원은 새로운 나라를 만들어 잘 살아보자며 정몽주를 설득했어요. 하지만 정몽주는 고려를 지키겠다는 뜻을 굽히지 않았고, 결국 이방원이 부하를 보내 선죽교라는 다리에서 정몽주를 죽여 버렸어요. 정몽주의 고려에 대한 충성심은 '단심가'라는 시에 잘 나타나 있어요. 뒤에 나오는 설쌤의 지식 오픈에서 함께 알아볼까요?

✳ 나라를 세운 후 태조 이성계는 무엇을 했을까?

조선을 세우고 제1대 국왕으로 즉위한 태조 이성계는 고려의 수도였던 개경을 떠나 **한양(오늘날 서울)을 새로운 수도로 정하여** 조선의 기반*을 닦으려 했어요. 또한 궁궐과 성문 등을 새롭게 정비하기도 했지요.

이성계를 도와 조선을 건국하는 데 큰 공을 세운 **정도전은 한양 도성*과 경복궁 등의 궁궐을 짓고 한양의 백성들을 위한 시전(시장)을 설치**했어요. 우리가 알고 있는 대부분의 궁궐과 사대문의 이름은 이때 정도전이 지은 것이랍니다.

또한 성리학자인 정도전은 유교 정치의 실현을 위해 **불교의 폐단*을 지적한** 『**불씨잡변**』을 저술하였고, **나라를 다스리는 데 기본이 되는 법전인**『**조선경국전**』도 저술했어요. 그렇다면 조선 건국에 엄청난 공을 세운 정도전은 이후 어떻게 되었을까요?

✱**기반**
기초가 되는 바탕

✱**도성**
한 나라의 수도를 둘러싼 성곽

조선시대 사대문이란?
동쪽의 흥인지문, 서쪽의 돈의문, 남쪽의 숭례문, 북쪽의 숙청문(숙정문)을 말해요.

▲ **경복궁 근정전**

✱**폐단**
어떤 일이나 행동에서 나타나는 옳지 못한 경향이나 해로운 현상

*공신
나라를 위하여 특별한 공을
세운 신하

*세자 책봉
임금이 자신의 왕위를 이을
아들을 정하는 것

*이복동생
아버지는 같고 어머니가 다
른 동생

정도전은 왜 이방원을 세자로 추천하지 않았을까?

정도전은 왕이 아닌 신하들이 중심이 되어 정치를 이끄는 것이 바람직하다고 생각했어요. 그래서 왕권이 강한 나라를 만들고자 하는 이방원과는 뜻이 달랐던 거예요.

✳ 조선 건국의 공신✳ 정도전, 죽음을 맞이하다

비교적 늦은 나이에 왕이 된 태조 이성계는 다음 왕위를 이을 세자를 누구로 할지 고민하고 있었어요. 이때 큰 영향력을 행사한 인물이 바로 정도전이에요. 정도전은 이성계에게 조선 건국에 직접적인 공을 세운 왕자가 아닌 막내 이방석을 다음 왕으로 추천했어요. 고민 끝에 이성계는 정도전의 추천대로 막내 이방석을 세자로 책봉✳했지요.

그러자 다른 왕자들은 심기가 매우 불편해졌어요. 특히 조선을 세우는 데 큰 공을 세운 **이성계의 다섯째 아들, 이방원**의 불만은 하늘을 찔렀지요.

'정몽주를 죽이고 아버지를 도와 조선을 세운 사람은 난데, 이방석을 세자로 만들다니!'

결국 이방원은 직접 군사를 이끌고 가 정도전을 죽이고, 이방석을 비롯한 이복동생을 제거하는 **제1차 왕자의 난**을 일으켰어요. 이 소식을 접한 태조 이성계는 매우 슬퍼했다고 해요.

설쌤의 한국사 스토리텔링

태종의 업적에 대해 알아봅시다

* 태종은 왕권을 강화하기 위해 어떤 정책을 펼쳤을까?

곧이어 제2차 왕자의 난을 통해 완전히 권력을 장악한 이방원은 태조 이성계의 뒤를 이었던 자신의 형 정종으로부터 왕위를 물려받아 제3대 국왕, 태종으로 즉위하게 되었어요.

강력한 힘을 바탕으로 왕이 된 태종은 이후에도 왕권을 강화하고자 다양한 정책을 펼쳤어요. 대표적인 왕권 강화 정책으로는 **6조 직계제**가 있어요. 6조 직계제는 왕이 신하들의 최고 기관인 의정부를 거치지 않고 **6조에 직접 명령을 내리고, 6조도 의정부를 거치지 않고 곧바로 국왕에게 업무를 보고**하도록 한 제도예요. 이로 인해 의정부가 담당하는 일이 줄어들어 신하들의 힘은 약해진 반면, 왕이 직접 나라의 모든 일을 결정해 왕권이 강화되었답니다.

▲ 6조 직계제

의정부와 6조

조선 시대의 중앙 정치를 담당한 기관이에요.
영의정·우의정·좌의정이 의정부의 최고 책임자로 정책을 결정했으며, 이(인사)·호(재정)·예(외교, 교육)·병(국방)·형(법률)·공(건설)조로 구성된 6조가 정책을 맡아 처리했어요.

*재정
돈에 관련된 여러 가지 일

▲ 호패

＊ 국가 재정을 확보하기 위해 태종은 어떤 정책을 펼쳤을까?

태종은 왕권을 강화하고 나라를 잘 운영하기 위해서는 국가의 재정＊을 확보할 필요가 있다고 생각했어요. 그래서 오늘날 주민등록법과 비슷한 호패법을 시행했답니다. **호패법은 나라의 인구수를 파악하고, 백성들에게 정확한 세금을 부과하기 위해 16세 이상의 남성에게 호패를 지급한 제도예요.**

조선 시대에는 16세에서 60세에 해당하는 성인 남성에게 거두는 세금인 역이 있었어요. 역의 종류에는 요역과 군역이 있었는데, 요역은 공사할 때 노동력을 제공하는 것을 의미하고, 군역은 군사 훈련을 받는 것을 말해요. 호패법의 시행으로 어느 마을에 남자가 몇 명인지를 쉽게 파악할 수 있게 되어 효율적으로 성인 남성에게 역을 부과할 수 있게 되었답니다.

 **초**능력 온달 ⭕ ❌ 퀴즈　　이 글의 내용과 일치하면 O표, 일치하지 않으면 X표 해보세요.

❶ 정몽주는 이성계를 중심으로 새로운 나라를 세워야 한다고 주장하였습니다.　　(◯ , ✕)

❷ 태종은 효율적으로 세금을 부과하기 위해 호패법을 시행하였습니다.　　(◯ , ✕)

초능력 평강 퀴즈

❶ 밑줄 친 '이 지역'에 들어갈 말로 알맞은 것을 쓰시오.

> 명이 고려의 땅 일부를 요구하자 고려는 이성계에게 요동을 공격하도록 명령했다. 이성계는 요동으로 가는 도중 이 지역에서 군대를 되돌려 개성으로 가 반대 세력을 몰아내고 권력을 잡았다.

(　　　　　)

❷ 태종에 대한 설명으로 옳은 것은?　　(　　　)

① 노비안검법을 시행하였다.
② 『조선경국전』을 저술하였다.
③ 전민변정도감을 설치하였다.
④ 왕권 강화 정책을 추진하였다.
⑤ 최승로의 시무 28조를 받아들였다.

🏵 정답과 해설 2쪽

초능력 Level up 문제

 정답과 해설 2쪽

우리학교 객관식 문제

01 〈보기〉 중 고려가 왜구의 침입을 막아낸 전투로 옳은 것을 고르면?

┌───── 보기 ─────┐
ㄱ. 진포 대첩   ㄴ. 황산 대첩
ㄷ. 귀주 대첩   ㄹ. 살수 대첩
└──────────────┘

① ㄱ, ㄴ   ② ㄱ, ㄷ
③ ㄴ, ㄷ   ④ ㄴ, ㄹ
⑤ ㄷ, ㄹ

02 밑줄 친 '이 인물'로 옳은 것은?

이 인물은 경복궁 등 대부분의 궁궐과 사대문의 이름을 지었어요. 또한 성리학자인 이 인물은 유교 정치의 실현을 위해 불교의 폐단을 지적한 『불씨잡변』을 저술하였어요.

① 최무선   ② 정도전
③ 이성계   ④ 정몽주
⑤ 최승로

우리학교 주관식 문제

03 다음 자료를 읽고 물음에 답하시오.

의정부의 여러 일을 나누어 6조에 넘겼다. 처음에 태종은 의정부의 권한이 막중함을 염려하여 이를 없앨 생각이 있었지만, 신중히 여겨 서둘지 않았다가 이때에 이르러 행하였다.

(1) 위 제도의 이름을 쓰시오.
  (   )
(2) 위 제도의 시행 목적을 쓰시오.
  (   )

한국사능력검정시험

04 밑줄 그은 '왕'의 업적으로 옳은 것은?

기본 58회

① 탕평비를 건립하였다.
② 현량과를 실시하였다.
③ 호패법을 시행하였다.
④ 훈민정음을 창제하였다.

오픈아이

한판 정리

조선 세종의 업적

왕권과 신권의 조화	• 의정부 서사제 시행
유교 정치	• 집현전 설치 • 『삼강행실도』 편찬
농서	• 『농사직설』 편찬
문화/과학	• 훈민정음 창제 • 과학 기술 발전 : 장영실 등용, 앙부일구(해시계)·자격루(물시계)·혼천의·측우기 제작 • 『칠정산』 편찬
대외 정책	• 일본 : 쓰시마섬(대마도) 정벌 • 여진 : 4군 6진 설치 → 압록강 ~ 두만강까지 영토 확장

조선 세종의 업적에 대해 알아봅시다

 **더 알아보기**

* **즉위**
새로운 임금이 왕위에 오름

* **신권**
신하의 권력

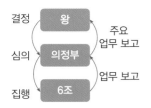

▲ 의정부 서사제

* **윤리**
사람으로서 마땅히 행하거나 지켜야 할 도리

열녀
남편을 잘 섬긴 여인을 말해요. 조선 시대에는 남편이 죽은 후에도 재혼하지 않고 평생 혼자 살아가거나 남편을 따라 목숨을 끊은 여인들을 훌륭하게 생각하며 열녀로 선정했어요.

✳ **세종은 유교 정치와 백성의 삶을 위해 어떤 정책을 펼쳤을까?**

태종이 죽자, 그의 셋째 아들이 세종으로 즉위했어요. 세종은 왕권 강화에 힘썼던 아버지와 달리 왕권과 신권의 조화를 추구하고 백성을 중시하는 유교 정치를 실현하고자 했어요.

세종은 6조에서 담당하는 모든 일을 의정부에서 논의한 뒤, 국왕에게 보고하는 제도인 **의정부 서사제를 시행**하였어요. 또 **집현전을 설치**하여 관리들이 학문을 연구할 수 있도록 하였고, 조선 사회에 유교 윤리를 알리기 위해 『**삼강행실도**』를 **편찬**했어요. 『삼강행실도』는 충신, 효자, 열녀의 모범 사례들을 모아 글·그림으로 설명한 책으로 많은 백성들에게 큰 교훈을 주었답니다.

한편 조선 사회에서 가장 중요한 일은 농사를 잘 짓는 것이었어요. 그래서 세종과 집현전 학자들은 **우리나라 환경에 맞는 농사법을 정리하여 『농사직설』**이라는 책을 만들기도 했답니다.

✱ 백성을 사랑하여 훈민정음을 창제하다

이때까지 우리 조상들은 중국의 글자인 한자를 사용해왔어요. 우리말을 한자로 표현하는 일과 한자를 배우는 일은 매우 어려웠기 때문에, 양반을 제외한 일반 백성들은 평생 글을 읽지도, 쓰지도 못하며 살아갔어요. 백성들이 글을 몰라 자신의 생각을 제대로 드러내지 못하는 것을 안타깝게 여긴 세종은 우리만의 새로운 문자를 만들어야겠다고 결심했어요.

오랜 연구 끝에 세종은 **우리말을 소리 나는 대로 적을 수 있는 훈민정음이라는 문자를 창제**했어요. 훈민정음은 '백성을 가르치는 바른 소리'라는 의미로, **과학적 원리로 만들어진 우리만의 독창적인 문자**였어요. 훈민정음의 창제로 인해 백성들의 생활이 편리해졌고, 백성들이 알아야 할 유교적 윤리를 더 쉽게 알릴 수 있었답니다.

✱창제
전에 없던 것을 처음으로 만듦

훈민정음 해례본

세종이 훈민정음을 만든 이유와 자음과 모음을 만든 원리, 읽는 방법 등을 설명한 글이에요. 유네스코 세계 기록유산으로 지정되었으며, 현재 간송 미술관에 보관되어 있어요.

> 나라의 말소리가 중국과 달라 한자와는 서로 통하지 않으므로 백성은 말하고자 하는 바가 있어도 뜻이 통하지 않았다. 이런 이유로 내가 이를 가엾게 여겨 새로 스물여덟 자를 만들었으니, 백성으로 하여금 쉽게 익혀 나날이 쓰기 편하게 하고자 할 따름이다.
> – 『훈민정음』 「해례본」 예의편 –

▲ 훈민정음 해례본

온달아! 공부하지 말고 놀자를 줄이면 '공말놀'이라고 해!

공말놀! 너무 좋은 단어네요!

세종대왕님이 만들어주신 소중한 글을 마음대로 줄여서 사용하면 안 돼!

＊ 세종 때 꽃피운 조선의 과학 기술

이처럼 백성을 위한 정치를 펼친 세종은 백성의 생활을 편리하게 해주는 과학 기술의 발전에도 관심이 많았어요. 그래서 세종은 천민 출신이지만 재주가 뛰어난 **장영실을 등용**하여 여러 과학 기구를 만들도록 했어요.

장영실은 해시계인 앙부일구, 물시계인 자격루, 천문 관측기구인 혼천의, 강수량을 측정하는 측우기 등을 만들었어요. 이를 통해 조선 사람들은 시각과 절기 등을 더 정확하게 알 수 있었고, 이는 백성들이 농사를 짓는 데 큰 도움을 주었어요.

또한 기존에 사용하는 달력이 중국을 기준으로 되어 있어 조선과 맞지 않았는데, 세종은 **한양(서울)을 중심으로 달력을 계산하여 『칠정산』이라는 역법서를 편찬**하기도 했어요. 이로 인해 조선은 더욱 정확한 천문 관측을 할 수 있었지요. 이처럼 세종 시기에 다양한 문화와 과학 기술이 크게 발전했답니다.

▲ 앙부일구　　　▲ 자격루　　　▲ 혼천의　　　▲ 측우기

✱ 세종은 주변국에 대해 어떤 정책을 펼쳤을까?

남쪽에서 왜구들이 수시로 침략하여 백성들을 못살게 괴롭혔어요. 이를 해결하기 위해 세종은 **이종무를 보내 왜구의 근거지인 쓰시마섬(대마도)을 정벌**하였어요.

또한 북쪽에서는 여진이 국경을 넘어와 백성들을 괴롭히자, 여진 정벌에 나서기도 했어요. **최윤덕이 이끄는 군대가 압록강 상류를 점령하여 4군을 설치했고, 김종서가 이끄는 군대가 두만강 유역을 점령하고 6진을 세워** 여진을 몰아냈어요. 4군 6진의 설치로 조선은 압록강과 두만강으로 이어지는 국경까지 영토를 넓혔고, 이 국경은 오늘날까지 이어지게 되었어요.

✱정벌
적을 무력으로 침

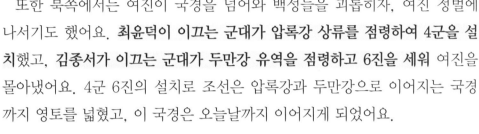

▲ 4군 6진

 능력 온달 O X 퀴즈   이 글의 내용과 일치하면 O표, 일치하지 않으면 X표 해보세요.

❶ 세종은 우리나라 환경에 맞는 농사법을 정리한 농사직설을 편찬하였습니다.   (◎ , ✕)

❷ 세종은 4군 6진을 설치하여 압록강에서 두만강까지 조선의 국경을 넓혔습니다.   (◎ , ✕)

초능력 평강 퀴즈

❶ **다음에서 설명하는 책은 무엇인지 쓰시오.**

• 세종 때 편찬되었다.
• 이전에 사용하던 달력이 조선과 맞지 않아 만들게 되었다.
• 한양(서울)을 중심으로 달력을 계산하는 역법서이다.

(   )

❷ **세종 때 이루어진 발전으로 옳지 <u>않은</u> 것을 고르시오.**

(   )

① 농사직설을 편찬하였다.
② 물시계인 앙부일구를 만들었다.
③ 집현전 학자들과 학문을 연구하였다.
④ 측우기를 만들어 비의 양을 측정하였다.
⑤ 왜구의 근거지인 쓰시마섬을 정벌하였다.

✷ 정답과 해설 3쪽

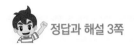
우리학교 객관식 문제

01 밑줄 친 '이것'에 대한 설명으로 옳은 것은?

> 조선 사회에 유교 윤리를 알리기 위해 이것을 편찬했어요. 이것은 충신, 효자, 열녀의 모범 사례들을 모아 글·그림으로 설명한 책으로 많은 백성들에게 큰 교훈을 주었답니다.

① 『삼강행실도』　　② 『삼국사기』
③ 『농사직설』　　　④ 『삼국유사』
⑤ 『조선경국전』

02 밑줄 친 '왕'에 대한 설명으로 옳은 것을 〈보기〉에서 고른 것은?

> 왕은 우리말을 소리 나는 대로 적을 수 있는 훈민정음이라는 문자를 창제했어요. 훈민정음은 '백성을 가르치는 바른 소리'라는 의미로, 과학적 원리로 만들어진 우리만의 독창적인 문자였어요.

┤ 보기 ├
ㄱ. 집현전을 설치하였다.
ㄴ. 4군 6진을 개척하였다.
ㄷ. 호패법을 처음 실시하였다.
ㄹ. 숭례문 등 사대문의 이름을 지었다.

① ㄱ, ㄴ　　　　② ㄱ, ㄷ
③ ㄴ, ㄷ　　　　④ ㄴ, ㄹ
⑤ ㄷ, ㄹ

우리학교 주관식 문제

03 다음 자료를 읽고 물음에 답하시오.

> 6조는 각기 모든 맡은 일을 의정부에 물어 논의하고, 의정부는 옳고 그름을 판단한 뒤 왕에게 아뢰어 왕의 명령을 받아 6조에 내려 시행한다.

(1) 위 제도의 이름을 쓰시오.
（　　　　　　　　　）
(2) 위 제도의 시행 목적을 쓰시오.
（　　　　　　　　　）

한국사능력검정시험

04 (가)에 들어갈 내용으로 옳은 것은?
기본 60회

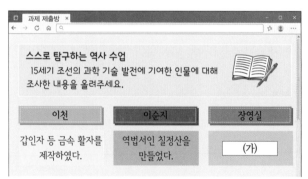

① 거중기를 설계하였다.
② 자격루를 제작하였다.
③ 대동여지도를 만들었다.
④ 동의보감을 완성하였다.

이 몸이 죽고 죽어
일 백번 고쳐 죽어
백골이 진토되어
넋이라도 있고 없고
㉠임 향한 일편단심이야
가실 줄이 있으랴.

－단심가－

 위 시조는 정몽주가 쓴 시조입니다. 당시 정몽주가 조선 건국을 둘러싸고 한 주장과 밑줄 친 ㉠이 무엇을 의미하는지에 대해 나의 의견을 써보세요.

오픈아이

설쌤! 나뭇잎에도 글씨를 새길 수 있을까요?

뭐야? 온달아~ 나뭇잎은 어디서 가지고 온 거야?

나뭇잎에 글씨라… 새길 수는 있겠지?

설쌤! 나뭇잎에 글씨는 뭘로 써요?

온달아~ 뭐라고 쓸 거야?

왈 왈

설쌤~ 뭐라고 쓰여 있어요?

나뭇잎에 글씨가 새겨져 있어요! 벌레로 글씨를 새기네! 우와~

저 글씨는 주초위왕(走肖爲王)으로 주(走)와 초(肖)를 합치면 조(趙)가 된단다! 저걸 해석하면 조씨가 왕이 된다는 뜻이지!

벌레로 어떻게 글씨를 새겨요? 저도 알려주세요!

아 그게… 그러니까…

근데 설쌤! 조선의 왕은 이씨 성을 가지고 있지 않나요? 왜? 조씨가 왕이 되나요?

그건… 말할 수 없어! 여길 떠나자!

계유정난과 조선 세조의 업적

계유정난	세조
수양대군이 조카인 단종을 몰아내고 권력을 장악함	• 집현전 폐지, 경연 정지 • 6조 직계제 재시행 • 직전법 시행 • 『경국대전』 편찬 시작(성종 때 완성)

한판 정리

사림의 성장과 사화의 발생

	16세기 사화의 발생
연산군	• 무오사화 : 김종직의 『조의제문』을 계기로 발생 • 갑자사화 : 폐비 윤씨 죽음을 계기로 발생
중종	• 조광조의 개혁 정치 : 현량과 시행, 소격서 폐지 • 기묘사화 : 조광조가 주장한 위훈 삭제를 계기로 발생
명종	• 을사사화 : 외척 간 다툼으로 발생

계유정난으로 즉위한 세조의 왕권 강화 정책을 알아봅시다

✳ 계유정난은 왜 일어나게 되었을까?

세종의 첫째 아들인 문종이 왕이 되었지만, 문종은 아버지 세종과 어머니 소헌왕후의 장례*를 연달아 치르면서 병에 걸렸고, 왕위에 오른 지 2년 만에 병이 악화되어 세상을 떠나버렸어요. 이 때문에 세자가 12세의 어린 나이에 왕위에 올랐으니, 그가 바로 **단종**이에요. 단종이 즉위할 당시 왕실의 어른들이 모두 사망해 어린 단종을 돌봐주고 이끌어 줄 사람이 없었어요.

물론 병에 걸린 문종은 이를 예상하고 죽기 전에 김종서, 황보인 등에게 어린 아들을 잘 지켜달라고 부탁했어요. 하지만 이러한 문종의 부탁이 장차 커다란 재앙을 부르게 될 줄은 아무도 몰랐을 거예요.

문종의 부탁을 받은 고명대신* 김종서, 황보인 등이 단종을 대신하여 정치를 돌보자, 주변에서 불만이 생기기 시작했어요. 특히 수양 대군은 고명대신들이 왕실을 어지럽힌다고 생각하여 이들을 몰아내야겠다고 계획했으니, 이것이 바로 **계유정난**의 시작이었답니다.

계유정난을 일으킨 **수양 대군**은 김종서, 황보인과 동생 안평 대군 등을 제거하고 권력을 장악했어요. 이어 **조카인 단종을 쫓아내고 스스로 왕위에 올랐어요.** 조카의 왕위를 빼앗은 수양 대군, 즉 세조는 앞으로 어떤 정책을 펼쳐나갈까요?

✳ 장례
죽은 사람의 장사를 지내는 일

✳ 고명대신
임금의 유언으로 나라의 뒷일을 부탁받은 신하

수양 대군
세종의 둘째 아들이자, 단종의 삼촌으로 훗날 세조가 되었어요.

✳ 세조는 왕권을 강화하기 위해 어떤 정책을 펼쳤을까?

조카를 몰아내고 왕이 된 세조는 자신을 도와준 신하들을 중심으로 정치를 해나갔어요. 하지만 단종을 모시던 많은 신하들은 세조를 왕으로 인정할 수 없었지요. 특히 집현전 학자 출신 일부가 단종을 다시 왕위에 앉히려다 발각되어 **사육신** 등 70여 명이 목숨을 잃기도 했어요.

세조는 이런 혼란스러운 상황을 왕권을 강화함으로써 해결하고자 했어요. 그는 먼저 자신의 집권을 반대한 **집현전을 폐지하고 신하와 임금이 소통하는 경연을 정지**시켰어요. 또한 태종 때 시행되었던 6조 직계제를 부활시켰어요. **6조 직계제가 다시 실시**되면서 왕이 직접 6조에 명령을 내리고 6조가 직접 왕에게 보고하게 되었고, 이는 왕권 강화로 이어지게 되었어요.

✳발각
숨기던 것이 겉으로 드러남

사육신
세조를 몰아내고 단종을 다시 왕위에 앉히려다 목숨을 잃은 여섯 명의 충신으로, 성삼문·박팽년·이개 등을 말해요.

6조 직계제의 부활
태종이 왕권 강화를 위해 실시했던 6조 직계제는 세종 때 의정부를 거쳐 나라의 일을 결정하는 의정부 서사제로 바뀌었어요. 하지만 세조가 왕권 강화를 위해 다시 6조 직계제를 시행했답니다.

✳ 세조, 통치 체제 정비를 위해 노력하다

세조는 계유정난을 통해 왕이 되었지만 토지 제도 등 여러 제도를 개혁해 조선 전기의 통치 체제를 정비하고자 노력한 왕이기도 했어요.

세조는 고려 말 과전법 실시 이후로 세습[*]되는 토지가 많아 새로운 관리에게 줄 토지가 부족해지자 현직 관리에게만 토지를 지급하는 **직전법을 시행**했어요. 또한 **조선 최고의 법전인『경국대전』을 편찬**[*]**하기 시작**하면서 사회 질서를 유지하기 위해 노력하였답니다. 참고로『경국대전』은 **성종 때 완성**되었어요.

경국대전의 완성

책이 완성되어 여섯 권으로 만들어 바치니, 경국대전이라는 이름을 내리셨다. 형전과 호전은 이미 반포되어 시행하고 있으나 나머지 네 법전은 미처 교정을 마치지 못하였는데, 세조께서 갑자기 승하하시니 지금 임금(성종)께서 선대의 뜻을 받들어 마침내 하던 일을 끝마치고 나라 안에 반포하셨다.

– 「경국대전」 –

✱세습
재산이나 신분 등을 대대로 물려줌

✱편찬
여러 가지 자료를 모아 체계적으로 정리하여 책을 만듦

경국대전은 전 종류 중 하나인 줄 알았는데 법전이었네요!

사림에 대해 알아봅시다

더 알아보기

＊성리학
도덕 정치를 중시한 유교의 한 갈래

＊관직
벼슬아치를 통틀어 이르는 말

＊양성
유능한 사람을 가르쳐 길러 냄

＊비판
잘못된 점을 지적함

＊언론 기관
권력의 독점과 비리를 막는 기능을 담당한 곳

3사의 언론 기관

• 사헌부
 관리의 비리를 감독했어요.

• 사간원
 국왕이 옳은 일을 하도록 충고했어요.

• 홍문관
 학문을 연구하고, 임금과 신하가 소통하는 경연을 담당했어요.

＊ 사림은 어떻게 중앙 정치에 진출하게 되었을까?

　고려 말 **성리학**＊을 받아들여 불교를 비판하고 권문세족을 몰아내자고 주장했던 신진 사대부는 조선이 건국되며 둘로 나뉘었어요. 고려 왕조의 유지를 주장했던 온건 개혁파는 조선이 건국되자 관직＊을 거부하고 지방으로 내려가 학문 연구와 제자 양성＊에 힘썼는데, 이들을 **사림**이라고 불러요.

　반면 세조의 즉위를 도와 정치를 주도하였던 세력을 **훈구**라고 해요. 15세기 중반, 훈구의 힘이 너무 커지자, 성종은 이들을 견제할 필요가 있다고 생각했어요. 그래서 지방에 숨어 살고 있는 사림을 불러들였고, 점차 사림이 관직에 진출하기 시작했어요.

　이들은 왕과 신하들의 잘못을 비판＊하고 학문을 연구하는 사헌부·사간원·홍문관이라는 언론 기관＊에서 일을 하며 훈구를 비판했답니다.

사화에 대해 알아봅시다

✱ 무오사화는 왜 일어나게 되었을까?

사림이 중앙에 진출한 이후 훈구를 사사건건 비판하자 훈구는 사림을 못마 땅하게 여겼어요. 훈구는 호시탐탐 사림을 몰아내기 위한 기회를 엿봤고, 결 국 **사림이 큰 화를 입는 네 번의 사화**✱가 벌어지게 되었어요.

그렇다면 첫 번째로 일어난 **무오사화**는 어떻게 일어나게 되었을까요? 성 종의 뒤를 이은 연산군도 왕인 자신에게까지 충고하는 사림이 마음에 들지 않았어요. 그래서 연산군은 사림을 눌러 왕권을 강화하려고 했지요. 그 과정 에서 훈구는 사림인 **김종직이 죽기 전에 쓴 「조의제문」**에 연산군의 증조 할 아버지인 세조를 비난하는 내용이 담겨 있다고 주장하면서 사림을 몰아갔어 요. 결국 연산군도 이를 받아들여 많은 사림들이 줄줄이 피해를 입었고, 이 미 죽은 김종직에게는 무덤에서 시체를 파내어 훼손하는 형벌이 내려지기도 했어요.

무오년에 일어난 이 사건을 **무오사화**라고 불러요. 그러나 사림의 비극은 여기서 끝나지 않았어요.

더 알아보기

✱**사화**

선비들이 화를 입었다는 뜻 으로 조선 시대에 사림이 훈 구에 의해 화를 입은 것을 의 미함

조의제문에는 어떤 내용이 들어 있을까?

김종직이 항우에게 죽은 초의 왕 의제를 안타까워하면서 지은 글이에요. 훈구는 김종직이 항 우를 세조, 의제를 단종에 비유 하여 조카를 죽이고 왕이 된 세 조를 비난하고 있다고 주장했어 요.

✳ 갑자사화는 왜 일어나게 되었을까?

성종 때 연산군의 어머니인 폐비 윤씨가 죽은 사건이 있었어요. 이 사실을 알게 된 **연산군이 어머니의 원수를 갚겠다며 칼을 빼 들었고, 폐비 윤씨의 죽음에 연관되어 있던 신하들을 모조리 찾아내어 죽였어요.** 이 과정에서 많은 사림이 또다시 피해를 보게 되었는데, 이를 **갑자사화**라고 부른답니다.

이후 연산군은 나랏일을 제대로 돌보지 않았고, 이를 견디지 못한 신하들이 연산군을 왕위에서 쫓아내 연산군의 이복동생인 중종을 왕위에 앉혔어요 (중종반정).

✳ 기묘사화는 왜 일어나게 되었을까?

중종을 왕위에 앉힌 훈구의 권력은 날이 갈수록 커졌어요. 그래서 중종은 이들을 견제하기 위해 다시 많은 사림을 불러들였는데, 이때 대표적으로 **조광조**라는 인물이 있었어요. 조광조는 훈구를 견제하고 도덕적인 정치를 실현하기 위한 여러 가지 개혁 정책을 추진했어요.

조광조는 자신과 같은 사림을 불러들이기 위해 **현량과*라는 제도를 시행**하여 사림을 관리에 추천했어요. 또한 성리학을 중시했던 만큼 도교 행사를 주관하던 **소격서*를 폐지**했어요.

또한, 조광조는 **공신들의 위훈*을 삭제**할 것을 주장하기도 했어요. 이에 훈구는 조광조에 크게 화가 났고, 중종마저도 조광조의 이런 개혁이 너무 성급하다고 생각했어요. 결국 훈구는 조씨가 왕이 된다는 거짓 소문을 퍼뜨렸고, 그로 인해 조광조를 비롯한 많은 사림들이 죽거나 유배를 가게 되는데, 이를 **기묘사화**라고 한답니다.

✳현량과
뛰어난 인재를 추천하여 관리에 등용하는 제도

✳소격서
도교 행사를 주관하던 관청

✳위훈
거짓된 업적

위훈 삭제
조광조는 중종이 왕위에 오를 때 공을 세우지 않고도 거짓으로 공신이 된 사람들을 찾아내, 공신 명단에서 삭제하자고 주장했어요.

벌레가 알려준 조씨가 왕이 되는 세상?

조광조를 어떻게 쫓아낼까 고민하던 훈구는 한 가지 방법을 생각해냈어요. 조광조가 왕이 되려 한다는 소문을 퍼뜨려 중종의 심기를 건드리는 것이었죠.

훈구들이 나뭇잎에 꿀로 글자를 그려 넣자 벌레들이 꿀을 갉아먹어 나뭇잎에 글자가 생겼어요. 그 글자는 바로 '주초위왕(走肖爲王)', 조씨가 왕이 된다는 뜻이었어요!

이 일로 중종이 조광조를 비롯한 많은 사람들을 쫓아내는 기묘사화가 발생했답니다.

✳ 을사사화는 왜 일어나게 되었을까?

사림의 고난은 여기서 끝나지 않았어요. 어린 나이의 명종이 왕이 되자 **외척**✳ **세력이 권력을 두고 다퉜는데**, 이를 마지막 사화인 **을사사화**라고 해요.

사림은 네 번의 사화를 겪었지만, 그럴 때마다 지방에서 성리학을 공부하고 제자를 길러내며 조금씩 힘을 키워 나갔어요.

결국 16세기 후반 선조가 사림을 다시 불러들이며 이후 조선의 정치를 이끌어 나갔어요.

✳ **외척**
어머니 쪽의 친척. 왕실과 혼인 관계를 맺은 집안

초능력 온달 ⭕ ❌ 퀴즈 이 글의 내용과 일치하면 O표, 일치하지 않으면 X표 해보세요.

❶ 수양 대군은 조카인 문종을 몰아내고 왕위에 올랐습니다. (◎ , ✕)

❷ 조선 세조 때 경국대전이 편찬되기 시작하였습니다. (◎ , ✕)

초능력 평강 퀴즈

❶ 다음에서 설명하는 인물로 옳은 것을 쓰시오.

> • 중종이 훈구 세력을 견제하기 위하여 등용하였다.
> • 인재를 추천하는 현량과 실시를 주장하였다.
> • 기묘사화로 결국 죽게 되었다.

( )

❷ 빈칸에 들어갈 사실로 옳은 것을 고르시오.

( )

> 연산군이 왕위에 오름 → ☐ → 폐비 윤씨의 죽음과 관련된 세력이 처벌됨 → 중종이 왕위에 오름 → 외척 간 다툼으로 사화가 발생함

① 경복궁이 건설됨
② 훈민정음이 창제됨
③ 경국대전이 완성됨
④ 4군과 6진이 설치됨
⑤ 조의제문으로 사림이 화를 입음

😊 정답과 해설 4쪽

정답과 해설 4쪽

우리학교 객관식 문제

01 다음의 사건을 순서대로 바르게 나열한 것은?

> (가) 갑자사화   (나) 무오사화
> (다) 기묘사화   (라) 을사사화

① (가) – (나) – (다) – (라)
② (나) – (가) – (다) – (라)
③ (나) – (다) – (가) – (라)
④ (다) – (나) – (가) – (라)
⑤ (다) – (가) – (나) – (라)

02 밑줄 친 '왕'에 대한 설명으로 옳은 것을 〈보기〉 에서 고른 것은?

> 왕은 자신의 집권을 반대한 집현전을 폐지하고 신하와 임금이 소통하는 경연을 정지시켰어요. 또한, 왕이 직접 6조에 명령을 내리고 6조가 직접 왕에게 보고하게 하는 6조 직계제를 재실시하여 왕권을 강화하였어요.

보기
ㄱ. 직전법을 시행하였다.
ㄴ. 현량과를 실시하였다.
ㄷ. 역법서인 『칠정산』을 편찬하였다.
ㄹ. 『경국대전』을 편찬하기 시작하였다.

① ㄱ, ㄴ   ② ㄱ, ㄹ
③ ㄴ, ㄷ   ④ ㄴ, ㄹ
⑤ ㄷ, ㄹ

우리학교 주관식 문제

03 ㉠, ㉡에 들어갈 단어를 쓰시오.

> (㉠)의 건의로 실시된 (㉡)은/는 유능한 인재를 등용하기 위해 시행된 제도였다. 학문과 덕행이 뛰어난 인재를 천거하여 왕이 참석한 가운데 구술시험을 치러 관리로 등용하였다. (㉡)은/는 사림이 관직에 진출하는 데 도움을 주었다.

• ㉠ :

• ㉡ :

한국사능력검정시험

04 (가)에 들어갈 사건으로 옳은 것은?
기본 57회

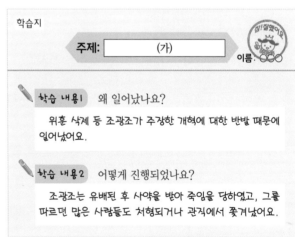

① 기묘사화   ② 신유박해
③ 인조반정   ④ 임오군란

조선 시대에 일어난 네 가지 사화를 적어보고, 그중 기묘사화가 일어난 원인에
대해 써보세요.
예 무오사화는 김종직의 조의제문이 원인이 되었다.

01 고려의 멸망과 조선의 설계자 정도전, 이방원에게 죽다

조선 건국 과정

❶ 위[ ][ ] 회군	신진 사대부의 분화	조선 건국
이성계의 권력 장악	• 온건 개혁파(❷[ ]몽[ ]) : 고려 왕조 유지 • 급진 개혁파(❸정[ ][ ]) : 새 왕조 건설	이성계 + 급진 개혁파

태조(이성계)

● ❹ 한[ ] 천도

● 정도전 : 『불씨잡변』, 『조선경국전』 저술

태종(이방원)

● ❺ 6[ ][ ]계[ ] : 왕권 강화 목적

● 호패법 시행 : 세금 부과 목적

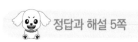

02 백성을 사랑하여 한글을 만든 세종대왕

세종

- ❶ ☐ 정 부 서 ☐ 제 : 왕권과 신권의 조화 추구

- 『삼강행실도』 편찬 : 유교 윤리 보급

- ❷ 훈 ☐ 정 ☐ 창제 : 과학적 원리로 만들어진 우리만의 독창적인
  문자

- ❸ 4 군 ☐ ☐ 설치 : 압록강에서 두만강까지 영토 확장

03 왕이 될 운명? 수양대군과 나뭇잎에 새겨진 글씨, 조광조

세조

- 6조 직계제 재시행 : 왕권 강화 목적

- ❶ 직 ☐ 법 시행 : 현직 관리에게 복무 대가로 토지의 수조권 지급

16세기 사화의 발생

❷ ☐ 오 ☐ 화	갑자사화	❸ ☐ 묘 ☐ 화	을사사화
김종직의 『조의제문』을 계기로 발생	폐비 윤씨 죽음을 계기로 발생	조광조가 주장한 ❹ ☐ 훈 ☐ 제 를 계기로 발생	외척 간 다툼으로 발생

화살표 순서: ❷ → 갑자사화 → ❸ → 을사사화

설쌤의 지식 오픈!

> ❝
> # 이 몸이 죽고 죽어 일백 번 고쳐 죽어, 고려의 충신 정몽주!
> ❞

고려를 없애고 새로운 나라를 세우고자 한 이성계나 정도전과는 달리, 정몽주는 고려를 유지하되 옳은 길로 고려를 개혁하고자 했어요. 성리학을 공부한 정몽주는 고려에 대한 충성심을 버릴 수 없었던 것이죠. 어느 날 이성계의 아들인 이방원은 정몽주를 설득하기 위하여 「하여가」라는 시조를 들려주었어요. "이런들 어떠하리, 저런들 어떠하리…" 이 시조를 들은 정몽주는 「단심가」라는 시조를 지어 답했어요. "이 몸이 죽고 죽어 일백 번 고쳐 죽어…" 고려 왕조를 배신할 수 없다는 굳은 의지를 드러낸 시조였죠. 결국 정몽주를 설득할 수 없겠다고 판단한 이방원은 부하를 시켜 개성에 있는 다리 위에서 정몽주를 죽였어요. 그 다리는 정몽주가 죽은 자리에 붉은 대나무가 자랐다고 해서 선죽교라고 불려요.

궁궐 이름에 담긴 의미는?

▲ 경복궁 근정전

조선의 첫 번째 궁궐이에요.
정도전이 주도하여 지었으며, '큰 복을 누린다.'
라는 뜻이 담겨 있어요.

 내가 한양에 새롭게 궁궐을 만든다면 어떤 모습일까요?
궁궐의 그림을 그려보고, 이름과 뜻을 적어 봅시다!

설명

• 궁궐 이름 :

• 뜻 :

2 " 임진왜란과 병자호란,
양 난을 겪은 조선은
어떻게 되었을까? "

오픈아이

설쌤! 저 나뭇잎에 이순신 장군님의 명언을 쓰고 싶어요!

온달아! 너 명언 모르잖아!

그럼 이순신 장군님께 여쭤보자.

1592년 임진년

이순신 장군님! 무슨 생각을 하고 계시나요?

이번 전쟁에서 승리하기 위해 왜군을 막을 전술을 생각하고 있소.

바다에서 사용할 전술을 하늘에서 구하시는군요!

푸드덕

으악! 깜짝이야!

오호! 학이 날개를 펼치는 모양으로 전술을 짜면 좋겠군! 덕분에 좋은 생각이 났소! 감사하오!

전군! 학익진 전술에 따라 학의 날개 모양으로 진형을 갖추고 대포를 쏴라!

온달이를 놀라게 한 새가 도움이 되었네!

설쌤! 저 잘했죠? 맛있는 밥 사주세요!

좋아! 그럼 온달이가 먹고 싶은 것을 먹으러 가볼까?

한판 정리

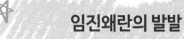

임진왜란의 발발

배경	• 도요토미 히데요시의 일본 통일
전개 과정	• 일본의 부산 침입(1592) → 신립의 충주 탄금대 전투 패배 → 한양 함락 → 선조 의주 피란 • 관군의 활약 : 한산도 대첩(이순신), 진주 대첩(김시민), 행주 대첩(권율) • 의병의 활약 : 곽재우(홍의 장군)
휴전	• 유성룡의 건의로 훈련도감 설치
정유재란	• 이순신의 활약 : 명량 대첩, 노량 해전

조선의 바다를 절대 내어줄 수 없다.

임진왜란에 대해 알아봅시다.

 더 알아보기

조선 전기 주변 나라와의 관계

• **명**: 태종 이후부터 조선은 명과 좋은 관계를 유지했어요. 명을 주인으로 섬기는 사대 외교를 채택하고, 조선과 명은 서로 사신과 선물을 주고받으며 활발히 교류했어요.

• **여진**: 여진이 계속해서 국경 지역을 침입하자 세종 때 여진을 정벌하고 나서 4군 6진을 설치했어요.

• **일본**: 해적인 왜구가 바다를 건너 조선에 침입하자 세종 때 왜구의 근거지인 쓰시마섬을 정벌했어요.

✳ 임진왜란이 일어나게 된 배경은 무엇일까?

조선이 건국된 지 200년이 지났을 무렵, 조선 왕조는 여진과 왜구의 약탈이 있었지만 큰 전쟁 없이 오랜 평화를 누리고 있었어요. 싸울 필요가 없으니, 군사력은 예전에 비해 많이 약해져 있었죠.

그런데 바다 건너 섬나라 일본에서 심상치 않은 움직임이 일어나고 있었어요. 당시 일본은 여러 세력으로 분리되어 혼란한 시기를 맞이하고 있었는데, **도요토미 히데요시**라는 인물이 등장해 혼란했던 일본을 통일한 거예요.

그러자 도요토미 히데요시는 군사들의 시선을 바깥으로 돌리기 위해 명을 정벌할 계획을 세웠고, 조선에 명을 정벌하러 가는 데 필요한 길을 빌려달라고 요구했어요. 하지만 조선은 명과 사대 관계, 즉 임금과 신하의 관계를 맺고 있었기 때문에 일본의 요구를 들어줄 수가 없었답니다. 조선이 요구를 거절하자 결국 일본은 조선을 침략했고, 이것이 바로 **1592년 임진년에 발생한 임진왜란**입니다.

✱ 임진왜란은 어떻게 전개되었을까?

부산으로 침입한 일본군은 빠르게 한양(서울)으로 향했어요. 부산을 지나 충주에 일본군이 도착하자 **신립이 충주 탄금대에서 맞서 싸웠지만 패배**하고 말았어요. 그동안 전쟁 준비를 제대로 하지 못했던 조선은 결국 일본이 쳐들어온 지 20여 일 만에 수도인 한양까지 빼앗겼어요.

조선의 계속된 패배 소식이 들려오자, 당시 왕이었던 **선조는 한양을 떠나 의주로 피란**⁎을 가서 명에 도움을 요청하였어요. 한편, 왕이 수도를 버리고 도망가 버리자, 화가 난 백성들이 경복궁을 불태워 버리기도 했답니다.

이렇게 희망의 불씨가 꺼져가던 그때, 남쪽 바다에서 반가운 소식이 들려왔어요. 바로 이순신이 이끄는 수군이 승리를 거두었다는 소식이었어요. **이순신은 한산도 등에서 일본군을 크게 물리치면서(한산도 대첩)** 위기에 빠진 조선을 구해냈답니다.

⁎**피란**
전쟁과 같은 난리를 피해 옮겨 감

한산도 대첩
이순신은 일본군을 한산도 앞바다로 유인해 크게 승리했어요. 이때 조선 수군은 거북선을 맨 앞에 두고 배들을 양쪽으로 넓게 펼쳐 적을 포위하는 전술을 사용했어요. 그 모습이 학이 날개를 펼치는 모양을 닮았다 하여 '학익진'이라고 불러요.

✳ 임진왜란은 어떻게 휴전 상태가 되었을까?

　남쪽 바다를 통해 식량과 무기를 나르려던 일본은 이순신에 의해 바닷길이 막히자 당황했어요. 그리고 바다에서 이순신의 승리 소식이 들려오자, 육지에서도 점차 조선 관군의 승리 소식이 들려왔어요.

　진주에서 김시민이 일본에 맞서 싸웠고(진주 대첩), 행주산성에서 권율이 백성들과 함께 일본군을 크게 물리쳤지요(행주 대첩). 더불어 백성들도 나라를 지키기 위해 스스로 의병✳이 되어 일본군에 맞서 싸웠는데, 대표적인 의병장에는 붉은 옷을 입어 **홍의 장군이라 불리는 곽재우**가 있어요.

　한편 일본이 조선을 넘어 대륙까지 침입할 것을 걱정한 **명이 조선에 보낸 지원군이 도착**했어요. 명과 조선이 힘을 합쳐 일본에 맞서고, 조선의 관군과 의병도 필사적으로 저항✳하자 일본군은 점차 힘을 잃어갔어요. 결국 일본은 명에게 휴전✳할 것을 제안했답니다.

✳**의병**
외적의 침입을 물리치기 위해 백성 스스로 조직한 군대

✳**홍의 장군**
붉은 옷을 입은 장군

✳**저항**
어떤 힘이나 조건에 굽히지 않고 거역하거나 버팀

✳**휴전**
서로 합의하여 전쟁을 얼마 동안 멈추는 일

✱ 다시 침략한 일본, 조선은 어떻게 막아냈을까?

일본과 명 사이에 휴전 협상이 진행되는 약 3년 동안 **유성룡**은 다시 있을 지도 모르는 전쟁과 무너진 군사력을 정비하기 위해 선조에게 **훈련도감의 설치**를 건의하였고, 이에 따라 훈련도감이 설치되었어요.

이후 일본의 무리한 요구로 휴전 협상이 실패하자 일본은 다시 조선을 침입하였는데, 이를 **정유재란**이라고 해요. 일본군의 공격이 다시 시작되자 이순신은 물살이 빠른 명량(울돌목)으로 일본군을 유인했어요. **이순신은 이곳에서 일본군을 크게 물리쳤는데, 이를 명량 대첩이라고 불러요.**

이후 일본군은 도요토미 히데요시가 죽자, 조선에서 물러나기 시작했어요. 하지만 이순신은 후퇴하는 일본군을 순순히 돌려보낼 생각이 없었어요. 이순신은 목숨을 바쳐 **노량에서 일본군과 마지막 전투를 벌였고(노량 해전)**, 7년 간 이어진 전쟁은 막을 내렸답니다.

유성룡

임진왜란 당시의 상황을 기록한 『징비록』을 썼어요.

훈련도감

임진왜란 도중 설치된 조선 시대의 군대로, 포수·사수·살수로 구성되어 전문적인 훈련을 받았어요.

신에게는 아직 12개의 빵이 필요하옵니다.

 **초능력 온달 O X 퀴즈**　이 글의 내용과 일치하면 O표, 일치하지 않으면 X표 해보세요.

❶ 일본을 통일한 도요토미 히데요시가 조선을 침입하며 임진왜란이 시작되었습니다.　　(O , X)

❷ 임진왜란 때 이순신은 행주산성에서 왜군을 상대로 대승을 거두었습니다.　　(O , X)

초능력 평강 퀴즈

❶ **다음에서 설명하는 인물로 옳은 것을 쓰시오.**

> 임진왜란 때 경상도 지역에서 활약한 의병장으로 붉은 옷을 입고 싸워 홍의 장군이라 불렸다.

(　　　　　)

❷ **다음 중 임진왜란 때 있었던 사실로 옳지 않은 것은?**

(　　　)

① 권율이 행주산성에서 활약하였다.
② 김시민이 진주성에서 항전하였다.
③ 명의 군대가 조선을 지원하였다.
④ 강감찬이 귀주에서 왜군에 맞서 싸웠다.
⑤ 조선은 휴전 협상 기간 동안 훈련도감을 설치하였다.

⊛ 정답과 해설 5쪽

우리학교 객관식 문제

01 밑줄 친 '이 전투'로 옳은 것은?

> 이 전투는 이순신이 학익진 전술로 적군을 물리친 전투예요. 학익진 전술은 거북선을 맨 앞에 두고 배들을 학이 날개를 펼치듯 양쪽으로 넓게 펼쳐 적을 포위하는 전술이랍니다.

① 노량 해전   ② 명량 대첩

③ 진주 대첩   ④ 행주 대첩

⑤ 한산도 대첩

02 밑줄 친 '전쟁' 당시 활약한 인물로 옳은 것을 〈보기〉에서 고른 것은?

> 도요토미 히데요시는 혼란했던 일본을 통일한 이후 조선에 명을 정벌하고자 하니 길을 빌려 달라고 요구하였어요. 하지만 조선이 요구를 거절하자 일본은 대규모 군사를 이끌고 조선을 침략하여 전쟁을 일으켰어요.

| 보기 |
| ㄱ. 권율   ㄴ. 조광조 |
| ㄷ. 김시민   ㄹ. 강감찬 |

① ㄱ, ㄴ   ② ㄱ, ㄷ

③ ㄴ, ㄷ   ④ ㄴ, ㄹ

⑤ ㄷ, ㄹ

우리학교 주관식 문제

03 다음의 사실을 순서대로 나열하시오.

> (가) 신립의 충주 탄금대 전투
> (나) 권율의 행주 대첩
> (다) 휴전 협상
> (라) 이순신의 명량 대첩

(   )-(   )-(   )-(   )

 한국사능력검정시험

04 (가) 전쟁 중에 있었던 사실로 옳은 것은?

기본 57회

> 1592년 7월 이순신이 이끄는 조선 수군은 이곳 한산도 앞바다에서 학익진을 펼치며 일본 수군을 크게 격파하였습니다. 그 결과 조선군은 [(가)] 당시 남해안 일대의 제해권을 장악하게 되었습니다.

① 최윤덕이 4군을 개척하였다.

② 서희가 강동 6주를 확보하였다.

③ 권율이 행주산성에서 승리하였다.

④ 이종무가 쓰시마섬을 토벌하였다.

임진왜란이 발생한 원인은 무엇일까요?
당시 주변 다른 나라들의 상황과 연관 지어 써보세요.

오픈아이

한판 정리

중립 외교와 호란의 발생

광해군	인조		
		정묘호란	병자호란
• 대동법 시행 • 명의 지원 요청 → 중립 외교(강홍립) → 인조반정	원인	명을 가까이하고 후금을 멀리하는 정책	청의 군신 관계 요구
	과정	후금의 침입 → 관군과 의병의 항전	청의 침입 → 인조의 남한산성 피신
	결과	후금과 형제 관계 체결	삼전도의 굴욕, 청과 군신 관계 체결

광해군의 정책에 대해 알아봅시다

더 알아보기

* **황폐화되다**
집, 토지 따위가 거칠고 못쓰게 됨

* **호적**
집에 속하는 사람의 이름, 생년월일 등 신분에 관한 내용을 기록한 문서

* **부과**
세금 등을 부담하게 함

* **공납**
백성이 지방에서 나는 특산물을 바치던 세금 제도

✳ 임진왜란 이후 즉위한 광해군은 어떤 정책을 펼쳤을까?

7년 동안 임진왜란이 일어나며 많은 백성들이 목숨을 잃었고, 국토는 황폐화⁎되었어요. 이때 세자였던 광해군은 의주로 피란 간 아버지 선조를 대신하여 백성들과 함께 전쟁을 치렀어요. 그리고 선조의 뒤를 이어 왕이 된 광해군은 세자 시절 백성들과 함께 먹고 자며 느꼈던 백성들의 고통을 줄여주기 위한 정책을 시행해야겠다고 다짐했어요. 전쟁으로 폐허가 된 나라를 다시 되살리기 위해 많은 노력을 하기도 했지요.

광해군은 인구를 새로 조사하여 호적⁎을 정비하는 한편, 세금으로 어려움을 겪는 백성들의 부담을 줄여주기 위해 **대동법을 시행**했어요. 이로 인해 세금 부과⁎ 기준이 집에서 토지로 바뀌어, 토지가 없거나 적은 농민은 세금 부담이 줄어들었어요. 또한 대동법은 구하기 어려운 특산물 대신 쌀을 세금으로 낼 수 있게 해주어 공납⁎에 대한 백성의 부담을 줄여주었어요.

그렇다면 광해군의 이러한 노력으로 조선은 과연 평화를 되찾을 수 있었을까요?

✱ 명과 후금, 광해군의 선택은?

  그런데 이 무렵 북쪽에서 심상치 않은 움직임이 생겼어요. 바로 흩어져 살던 **여진이 누르하치라는 지도자 아래 하나로 통합되어 후금이 건국**된 거예요. 그동안 여진은 뿔뿔이 흩어져 있어 힘이 세지 않았지만, 하나로 모이자 힘이 매우 커져 명을 위협할 정도였어요. 결국 후금은 명을 공격하기 시작했고, 임진왜란을 겪으며 힘이 약해진 명은 조선에 도움을 요청했어요.

  임진왜란 때 우리를 도와준 명의 부탁을 받은 광해군은 깊은 고민에 빠졌어요. 명에 대한 의리를 지켜 군사를 보내려면, 또다시 백성을 전쟁터로 내보내야 했기 때문이에요. 게다가 약해진 명이 새롭게 떠오른 후금을 이길 수도 없어 보였거든요.

  결국 **광해군은 명과 후금, 어느 한쪽의 편도 들지 않는 중립 외교**를 펼쳤어요. 명에 군대를 파견하긴 하지만, **강홍립**에게 후금과의 전투를 최대한 피하라고 명령한 것이었죠.

✳ 광해군은 왜 쫓겨나게 되었을까?

조선은 명을 큰 나라로 섬기며 의리를 중시하던 신하들이 정치를 주도하고 있었어요. 그런 신하들에게 광해군의 중립 외교는 우리를 도와준 명의 은혜를 배신하고, 오랑캐인 후금에 고개를 숙인 비겁한 행동이었어요.

결국 신하들은 **광해군을 왕위에서 쫓아내고 새로운 왕, 인조를 왕으로 세웠으니 이를 인조반정**이라고 해요. 이렇게 왕이 된 인조는 광해군과 반대로 **명과의 의리를 내세우며 명과 친하게 지내는 반면, 후금을 배척하는 친명배금 정책**을 펼쳤어요.

이때 후금은 조선이 명과 친하게 지내면 자신들이 명을 공격할 때 조선이 방해가 될 수 있다고 생각했어요. 그래서 후금은 결국 후방을 안정시키고 부족한 물자를 획득하기 위해 군사를 이끌고 조선을 쳐들어왔어요.

✳ **배척**
따돌리거나 거부하여 밀어 내침

✳ **후방**
뒤에 떨어져 있는 지역

✳ **물자**
어떤 활동에 필요한 여러 가지 물건이나 재료

호란에 대해 알아봅시다

더 알아보기

✳ 후금이 세력을 키워 청을 건국하고 조선을 쳐들어오다

이렇게 후금이 조선을 쳐들어온 사건을 **정묘호란**이라고 해요. 이로 인해 인조가 강화도로 피란을 가기까지 했지만, 조선 관군과 정봉수, 이립 등이 일으킨 의병이 후금에 맞서 싸우며 저항했어요. 결국 후금은 조선의 거센 저항과 명과의 전쟁 중인 상황 때문에 한발 물러났어요. 후금이 형, 조선이 동생이라는 **형제 관계**를 맺고 돌아선 것이었죠.

하지만 시간이 지날수록 후금의 힘은 더욱 강해졌어요. **후금은 나라 이름을 청**으로 **바꾸고 조선에 임금과 신하의 관계, 즉 군신 관계를 강요**했어요. 조선에서는 청의 침입을 막기 위해 청의 요구를 받아들여야 한다는 주장이 있긴 했지만, 여전히 명에 대한 의리를 중시하는 대부분의 신하는 명을 배신할 수 없다고 주장했어요.

이들의 주장을 받아들인 **인조는 결국 청의 요구를 거절했고, 청이 다시 조선을 침입했어요. 이것이 바로 병자호란**이랍니다.

✳청
중국의 마지막 왕조로 후금이 나라 이름을 청으로 바꾸었으나, 신해혁명으로 멸망함

✳강요
강제로 요구함

정묘호란, 병자호란 혼란스럽지?? 흐흐

✳ 병자호란은 어떤 결과를 가져왔을까?

청이 무서운 기세로 쳐들어오자, 인조는 서둘러 강화도로 피란 갈 준비를 했어요. 하지만 청의 침입으로 길이 막혀버리자, **인조는 방향을 틀어 남한산성으로 피신**하였고, 이곳에서 남쪽의 지원군을 기다리려 했어요. 그러자 청 군대는 인조가 있는 남한산성을 겹겹이 포위했어요.

인조와 신하들은 40여 일 동안 청에 맞섰지만, 추운 겨울 날씨와 부족한 식량 때문에 죽는 병사들이 생겨났어요. 더 이상 버티기엔 무리라고 생각한 인조는 청에 항복하기로 했어요.

남한산성에서 나와 청의 황제가 있는 삼전도로 간 **인조는 청 황제에게 무릎을 꿇어 세 번 절하고 아홉 번 머리를 조아리는 굴욕적인 항복**을 했어요. 이를 '**삼전도의 굴욕**'이라고 하며, 이로 인해 세자를 비롯한 많은 사람이 청으로 끌려갔고, **청과 조선은 임금과 신하의 관계(군신 관계)**를 맺었답니다.

삼전도

서울특별시 송파구 송파동에 있던 한강의 나루로, 청 황제가 인조의 항복을 받은 것을 기념하기 위해 세운 비석이 있어요.

▲ 삼전도비

초**능력 온달 ⭕ ❌ 퀴즈** 이 글의 내용과 일치하면 O표, 일치하지 않으면 X표 해보세요.

❶ 광해군이 중립 외교 정책을 펼친 이후 중종반정이 일어났습니다. (⭕ , ❌)

❷ 청의 군신 관계 요구를 둘러싸고 신하들 사이에 의견이 엇갈렸습니다. (⭕ , ❌)

❶ 다음 ㉠, ㉡에 들어갈 나라를 쓰시오.

> 명의 세력이 약해진 틈을 타 누르하치가 여진을 통합하여 세운 (㉠)은/는 세력을 키운 후 나라 이름을 (㉡)(으)로 바꾸고 조선을 다시 침략하였다.

㉠ :   ㉡ :

❷ 병자호란의 결과로 알맞은 것을 고르시오.

(   )

① 후금이 쇠퇴하였다.

② 원 간섭기가 시작되었다.

③ 청과 형제 관계를 맺었다.

④ 인조가 의주로 피란하였다.

⑤ 인조가 삼전도에서 항복하였다.

✤ 정답과 해설 7쪽

초능력 Level up 문제

정답과 해설 7쪽

01 〈보기〉의 사건을 순서대로 바르게 나열한 것은?

┌─── 보기 ───┐
(가) 병자호란   (나) 정묘호란
(다) 인조반정
└──────────┘

① (가) – (나) – (다)   ② (나) – (가) – (다)
③ (나) – (다) – (가)   ④ (다) – (나) – (가)
⑤ (다) – (가) – (나)

02 밑줄 친 '전쟁'의 결과로 옳은 것을 〈보기〉에서 고른 것은?

후금은 나라 이름을 청으로 바꾸고 조선에 임금과 신하의 관계, 즉 군신 관계를 요구했어요. 하지만 조선이 청의 요구를 거절했고, 청이 조선을 침입하여 전쟁을 일으켰어요.

┌─── 보기 ───┐
ㄱ. 정유재란이 일어났다.
ㄴ. 광해군의 중립 외교를 펼쳤다.
ㄷ. 청과 군신 관계를 체결하였다.
ㄹ. 인조가 삼전도에서 굴욕을 당하였다.
└──────────┘

① ㄱ, ㄴ   ② ㄱ, ㄷ
③ ㄴ, ㄷ   ④ ㄴ, ㄹ
⑤ ㄷ, ㄹ

03 밑줄 친 '정책'이 무엇인지 쓰시오.

여진은 후금을 세운 뒤 명을 공격하기 시작하였어요. 임진왜란을 겪으며 힘이 약해진 명은 조선에 도움을 요청했는데 명의 부탁을 받은 광해군은 깊은 고민에 빠졌어요. 명에 대한 의리를 지켜 군사를 보내려면 또다시 백성을 전쟁터로 내보내야 했기 때문이에요. 결국 광해군은 명과 후금, 어느 한쪽의 편도 들지 않는 정책을 펼쳤어요.

(   )

04 밑줄 그은 '이 전쟁'에 대한 설명으로 옳은 것은?
기본 57회

지금 촬영하는 곳은 남한산성입니다. 적의 공격을 방어하기 유리한 지형에 세워진 산성으로 이 전쟁 때 인조가 피신하였습니다.

① 김시민 장군이 활약하였다.
② 별무반을 편성하여 적과 싸웠다.
③ 전쟁 후 청과 군신 관계를 맺었다.
④ 이여송이 이끄는 명의 지원군이 파병되었다.

04 신에게는 열두 척의 배가 남아있습니다, 임진왜란

배경	도요토미 히데요시의 일본 통일
전개 과정	● 일본의 부산 침입(1592) → ❶ ▢▢ 립 의 충주 탄금대 전투 패배 → 한성 함락 → ❷ ▢ 조 의주 피란 ● 이순신의 활약 : 한산도 대첩 ● 관군의 활약 : 진주 대첩(❸ ▢▢ 민), 행주 대첩(❹ ▢ 율) ● 의병의 활약 : 곽재우(홍의 장군)
휴전	유성룡의 건의로 훈련도감 설치
정유재란	❺ ▢▢ 신 의 활약 : 명량 대첩, 노량 해전

05 추운 겨울 남한산성에서는 어떤 일이 벌어졌을까, 병자호란

광해군
- ❶ 대 ▢▢ 법 시행
- 명과 후금 사이에서 ❷ ▢ 립 외 ▢

	인조	
	정묘호란	병자호란
원인	명을 가까이하고 후금을 멀리하는 정책	청의 ❸ ▢▢ 관계 요구
과정	후금의 침입 → 관군과 의병의 항전	청의 침입 → 인조의 ❹ ▢ 한 ▢ 성 피신
결과	후금과 형제 관계 체결	● ❺ ▢ 전 ▢ 의 굴욕 ● 청과 군신 관계 체결

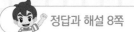

탐구활동

청의 군신 관계 요구

내가 만약 청의 군신 관계를
받아들인다면
그 이유는 무엇일까?

내가 만약 청의
군신 관계를 거절한다면
그 이유는 무엇일까?

임진왜란이 몰고 온 동아시아의 변화

7년 동안 벌어진 임진왜란은 조선, 일본, 명이 모두 참여한 만큼 전쟁 이후 동아시아는 큰 변화를 맞이했어요. 일본을 물리치기는 했으나 전쟁이 벌어진 조선 땅은 황폐화되었고, 조선은 수많은 백성과 문화유산을 잃었어요. 반면 일본은 조선의 도자기 기술자들과 성리학자 등을 일본으로 끌고 가 문화 발전을 이루었어요. 또한 도쿠가와 이에야스라는 사람이 등장해서 새로운 정권이 들어서게 되었죠. 조선을 도와 전쟁에 참여했던 명은 전쟁의 영향으로 힘이 약해졌고, 그 틈을 타 만주의 여진이 힘을 키워 부족을 통일하고 후금을 세웠어요. 임진왜란이 가져온 동아시아의 변화는 이후 조선에 어떠한 영향을 주었을까요?

 병자호란 당시는 추운 겨울이었어요.
남한산성에서 피신하고 있던 왕과 신하들은 어떤 모습이었을지
상상해서 그림으로 그려보세요.

설명

3 " 혼란한 상황이 지속되다! 붕당 정치와 세도 정치 "

06 혼란이 지속되다, 예송과 환국

1659년 1680년 1694년
기해예송 경신환국 갑술환국

오픈아이

설쌤! 백숙의 슬픈 이야기를 들으니... 이제 백숙 안 먹을래요!

먹고 싶은 게 바로 바뀌는 것이, 마치 갈대 같아!

온달이처럼 갈대 같은 마음을 가진 왕이 떠오르네!

우리 갈대같은 숙종의 마음을 따라가보자!

인현왕후 최고!

장희빈 최고!

설쌤! 숙종의 마음은 진짜 갈대 같네요!

지금 나에 대해 안 좋게 이야기 한것이냐!!!

얘들아, 떠나자!

아차

한판 정리

현종 재위 시기의 사실

	예송
발생	• 자의대비의 상복 입는 기간을 두고 서인과 남인이 대립
1차 예송 (기해예송)	• 원인 : 효종 사망 • 과정 : 서인 1년 vs 남인 3년 주장 → 서인 채택
2차 예송 (갑인예송)	• 원인 : 효종 비 사망 • 과정 : 서인 9개월 vs 남인 1년 주장 → 남인 채택

한판 정리

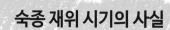

숙종 재위 시기의 사실

	숙종
환국	• 의미 : 집권 세력이 급격하게 교체됨 • 전개 : 경신환국(서인 승) → 기사환국(남인 승) → 갑술환국(서인 승)
업적	• 백두산정계비 건립 • 상평통보 널리 유통

서인과 남인의 형성 과정에 대하여 알아봅시다

✳ 서인과 남인은 어떤 과정을 거쳐 생겨났을까?

사화로 피해를 입었던 사림은 지방에서 **서원과 향약**을 바탕으로 힘을 계속 키워나갔고, 그 결과 선조 무렵에 주요 정치 세력으로 자리 잡게 되었어요.

이후 서로 뜻을 같이하는 신하들끼리 모여 **붕당***을 형성했어요. 붕당은 처음에는 서로 다른 의견을 주고받으며 정치를 이뤄 나갔지만, 시간이 지나면서 자신과 다른 세력을 무조건적으로 비판하며 서로 다투는 일이 발생했어요.

선조 때 사림 사이에 갈등이 생겨나 사림이 **서인과 동인으로 갈라진 후, 또다시 동인이 북인과 남인으로 나뉘면서** 붕당 정치가 자리 잡았어요. 광해군 때는 북인이 정치를 주도했으나, 인조반정으로 광해군이 물러나면서 북인은 몰락하게 되었지요.

이후 인조 때부터 효종 때까지 서인과 남인은 서로 공존하며 건전한 붕당 정치를 이루어 나갔지만, 현종 때부터 붕당의 부정적인 면이 나타나기 시작했어요.

> 그만.. 머리 아프다

더 알아보기

서원

지방에서 사림이 모여 성리학을 공부하고 유학자들에게 제사를 지내던 사립 교육 기관이에요.

향약

향촌(시골 마을) 사회에서 정한 약속으로 사림이 주도하며 향촌 사회에 영향력을 행사했어요.

✳붕당

학문, 정치적으로 생각이 비슷한 사람들끼리 모여 만든 정치 집단

▲ 붕당 정치

예송에 대해 알아봅시다

 **더 알아보기**

＊상복
장례를 치르는 사람이 입는 복장

도대체 예법이 무엇이기에?
예법은 예의로써 지켜야 할 절차라는 뜻으로, 결혼이나 장례 등의 절차를 진행할 때 지키는 규칙을 말해요. 유교 국가인 조선은 예의와 질서를 중요하게 생각해 예법을 둘러싼 논쟁이 일어나게 되었어요.

＊ 예송은 무엇이고 왜 일어났을까?

인조의 뒤를 이어 왕이 된 효종이 죽고, 현종이 즉위한 지 얼마 되지 않은 때였어요. 현종이 아버지인 **효종의 장례식**을 준비하던 중 예상치 못한 곳에서 문제가 발생했어요. 바로 인조가 늦은 나이에 맞이한 새로운 왕비, 즉 **효종의 새어머니인 자의대비가 몇 년 동안 상복을 입어야 하는지를 둘러싸고 서인과 남인 사이에 예송 논쟁**이 시작된 것이었어요. 효종은 인조의 둘째 아들이었기 때문에 첫째 아들과 똑같이 나라의 예법을 적용하는 것이 맞는가에 대한 논란이 발생한 것이지요.

서인은 효종이 둘째 아들로서 왕이 되었으니, 왕실의 법도가 아닌 신하들의 법도를 따라야 한다며 자의대비의 상복 입는 기간은 1년이어야 한다고 주장했어요. 반면 남인은 효종이 둘째 아들이긴 하나, 왕이 되었으니 왕실의 법도에 따라야 한다며 자의대비의 상복 입는 기간은 3년이어야 한다고 주장했어요.

하지만 왕이 된 지 얼마 되지 않은 현종은 더 큰 권력을 가지고 있던 서인의 손을 들어줄 수밖에 없었고, 결국 자의대비의 상복 입는 기간은 1년으로 결정되었어요. 이때 **자의대비의 상복 입는 기간을 두고 서인과 남인이 대립한 일을 1차 예송(기해예송)**이라고 말해요.

✳ 또 다시 발생한 예송, 현종의 선택은?

더 알아보기

그로부터 15년이 흐른 후, 이번엔 **효종의 왕비인 인선왕후가 죽으며 또다시 서인과 남인 사이에서 예송이 발생했는데, 이를 2차 예송(갑인예송)**이라고 해요. 이때도 1차 예송(기해예송)처럼 서인은 신하들의 법도에 따라야 한다며 자의대비의 상복 입는 기간은 9개월이어야 한다고 주장했고, 남인은 왕실의 법도에 따라야 한다며 자의대비의 상복 입는 기간은 1년이어야 한다고 주장했답니다.

하지만 이번에는 현종이 남인의 손을 들어주며 서인의 권력이 커지는 것을 견제했어요. 이처럼 현종 때 있었던 두 차례의 예송 이후 붕당은 점차 올바른 정치보다 서로의 이익에 관심을 두었고, 서인과 남인의 갈등은 더욱더 심해지게 되었어요.

상복 입는 기간이 뭐가 그렇게 중요하다고 싸우는 거지?

조선은 성리학의 질서를 중요하게 여기던 국가여서 그런 건데 조금 심한 것 같긴 해.

도와줘요! 설쌤

효종은 둘째 아들인데 어떻게 왕이 되었나요?

효종의 첫째 아들은 소현 세자였어요. 병자호란의 결과 소현 세자는 동생 봉림 대군(훗날 효종)과 청에 인질로 끌려갔답니다. 그곳에서 소현 세자는 천주교 선교사 아담 샬을 만나서 서구 문물을 보고 큰 감명을 받게 됩니다.

8년 만에 돌아온 소현 세자는 아버지 인조와 갈등을 겪었어요. 아버지 인조는 병자호란 때 삼전도의 굴욕을 당해 청에 대한 거부감이 많은 상태였지만, 소현 세자는 무조건 청을 싫어하고 멀리하는 건 아니라고 주장했기 때문이에요. 이때 인조가 소현 세자에게 벼루를 던졌는데, 그 만큼 소현 세자에게 화가 난 것이 었죠.

이후 두 사람의 갈등은 점점 심해졌는데, 어느 날 소현 세자가 의문의 죽음을 맞이하게 되었어요. 그 죽음에 대해 정확하게 밝혀진 이유는 없지만, 소현 세자가 죽었기 때문에 둘째 아들이었던 봉림 대군이 왕이 되었고, 그가 바로 효종이에요.

환국과 숙종의 업적에 대해 알아봅시다

더 알아보기

＊변질
원래의 성질에서 변함

＊귀양
죄인을 시골이나 섬으로 보내
일정 기간 동안 살게 한 형벌

＊역모
나라를 배반하거나 왕의 권
력을 빼앗음

＊ 환국은 무엇일까?

현종의 뒤를 이어 숙종이 왕이 되었지만, 붕당 간의 대립은 점점 심해져 갔어요. 그래서 숙종은 자신이 주도하여 붕당의 갈등을 해결하고자 했지만, 하나의 붕당에만 힘을 몰아주어 붕당 간의 싸움을 더욱 부추기는 꼴이 되고야 말았어요. 이렇게 **권력을 가진 붕당이 손바닥 뒤집듯이 바뀌는 상황을 환국**이라고 해요. 이제 붕당 정치는 상대 붕당을 몰아내기 위한 싸움으로 변질되었고, 이 과정에서 수많은 신하가 목숨을 잃거나 귀양을 갔어요.

숙종 시기에 무려 세 차례의 환국이 일어났는데 첫 번째는 **경신환국**이에요. 현종 때 발생한 2차 예송(갑인예송)으로 남인이 권력을 가진 상황에서 남인의 힘이 너무 강해지는 것을 막고 싶었던 숙종은 한 가지 방법을 생각해냈어요. 역모 사건에 휘말린 남인을 모두 쫓아내고 서인에게 권력을 몰아준 것이었지요. 이렇게 첫 번째 환국인 경신환국이 일어나면서 집권 붕당이 남인에서 서인으로 바뀌었어요.

붕당 정치 안되겠네, 내가 나서야지!

✱ 인현왕후와 장희빈이 환국과 어떤 관련이?

서인이 권력을 장악한 상황에서 숙종은 **서인 출신의 왕비와 결혼하기도 했는데, 그 왕비가 바로 인현왕후**예요. 하지만 인현왕후가 아이를 낳지 못하자 서인에게도 위기가 찾아왔어요. 숙종의 사랑을 한몸에 받는 장희빈에게서 왕자가 태어나며 **장희빈의 출신이었던 남인이 힘을 얻게 되었던 것**이었죠. 결국 서인이 장희빈이 낳은 왕자를 세자로 책봉하는 것에 반대하다 쫓겨나고 남인이 다시 집권하게 되는데, 이를 두 번째 환국인 **기사환국**이라고 해요.

하지만 장희빈에 대한 숙종의 사랑은 그리 오래가지 않았어요. 결국 숙종은 인현왕후를 다시 궁궐로 불러들이고자 했는데, 이를 남인이 반대했어요. 이에 숙종이 남인을 몰아내게 되면서 서인이 다시 집권했는데, 이를 **갑술환국**이라 해요. 갑술환국 이

후 질투에 눈이 먼 장희빈이 신당을 차려놓고 인현왕후를 저주했어요. 저주가 통했는지는 알 수 없지만, 인현왕후는 병을 앓다가 죽게 되었고, 머지않아 장희빈은 인현왕후를 저주했다는 이유로 사약을 받아 죽게 됩니다.

숙종 때 세 차례의 환국이 일어나면서 특정 붕당이 정권✱을 독점✱하는 일당 전제화✱가 나타나게 되었어요. 앞으로 조선의 붕당 정치는 어떻게 흘러가게 될까요?

✱**정권**
정치상의 권력

✱**독점**
혼자서 모두 차지함

✱**일당 전제**
국가 권력을 장악한 하나의 정당이 그 권력을 독단적으로 행사하는 일

인현황후 　 장희빈

더 알아보기

간도

숙종 때 백두산정계비로 국경을 정하였지만, 19세기 이후 또다시 간도를 둘러싼 분쟁이 발생했어요. 대한 제국은 간도를 지키기 위해 이범윤을 간도 관리사로 파견했지만, 일제가 대한 제국의 외교권을 빼앗은 뒤 간도를 청에 넘겨버렸어요.

＊유통
상품이 생산되고 판매되기까지의 활동

▲ 상평통보

＊ 숙종은 어떤 업적을 남겼을까?

숙종 때 간도 지역을 두고 청과 조선 사이의 국경이 어딘지에 대한 갈등이 발생했어요. 청의 요청에 따라 숙종은 간도로 박권이라는 신하를 보내, 청의 관리 목극등과 이를 논의하도록 하여 국경선 문제를 해결하고자 했지요. 마침내 두 사람은 백두산 일대를 답사한 뒤 서쪽 위로

는 압록강, 동쪽 위로는 토문강을 국경으로 정하고 이를 비석에 새겼는데, 이 비석이 바로 **백두산정계비**예요.

한편 숙종 때 동전인 **상평통보가 전국적으로 유통**＊되었어요. 상평통보는 인조 때 만들어졌지만 전국적으로 유통되지 못하다가 조선 후기에 상업이 발달하여 화폐의 필요성이 높아지면서 드디어 전국적으로 유통되었어요..

초능력 온달 ⓞ ⓧ 퀴즈   이 글의 내용과 일치하면 O표, 일치하지 않으면 X표 해보세요.

❶ 조선 현종 때 자의대비의 상복 입는 기간을 둘러싸고 예송이 전개되었습니다. (ⓞ , ⓧ)

❷ 조선 숙종 때 독도 문제를 해결하고자 백두산정계비가 세워졌습니다. (ⓞ , ⓧ)

초능력 평강 퀴즈

❶ 다음 ㉠, ㉡에 들어갈 붕당의 이름을 각각 쓰시오.

> 효종이 사망하자 효종의 새어머니인 자의대비의 상복 입는 기간을 둘러싸고 논쟁이 일어났다. (㉠)은/는 효종이 둘째 아들이기 때문에 1년 동안 상복을 입을 것을 주장했으나, (㉡)은/는 효종이 왕위에 올랐으니 왕실의 예법을 따라 3년 동안 상복을 입을 것을 주장하였다.

㉠ :   ㉡ :

❷ 다음 중 숙종 재위 시기에 있었던 사건으로 옳은 것은?

(   )

① 무오사화
② 임진왜란
③ 병자호란
④ 갑술환국
⑤ 인조반정

✤ 정답과 해설 8쪽

우리학교 객관식 문제

01 다음 사실을 일어난 순서대로 바르게 나열한 것은?

> (가) 자의대비의 상복 입는 기간을 두고 서인과 남인이 대립하였다.
> (나) 세 차례의 환국이 일어났다.
> (다) 조선이 명과 후금 사이에서 중립 외교를 펼쳤다.

① (가) – (나) – (다) ② (가) – (다) – (나)
③ (나) – (가) – (다) ④ (다) – (가) – (나)
⑤ (다) – (나) – (가)

02 (가) 왕의 재위 기간에 있었던 사실로 옳은 것을 〈보기〉에서 고른 것은?

> ☐(가)☐ 때에는 국왕의 주도로 집권 붕당이 급격히 교체되면서 정국이 바뀌는 환국이 나타났다. 서인과 남인이 번갈아 집권하여 상대 붕당을 탄압하는 과정에서 반복되었다.

| 보기 |

> ㄱ. 기묘사화가 발생하였다.
> ㄴ. 백두산정계비가 세워졌다.
> ㄷ. 후금이 조선을 침입하였다.
> ㄹ. 상평통보가 널리 유통되었다.

① ㄱ, ㄴ ② ㄱ, ㄷ ③ ㄴ, ㄷ
④ ㄴ, ㄹ ⑤ ㄷ, ㄹ

우리학교 주관식 문제

03 ㉠, ㉡에 들어갈 알맞은 정치 세력을 쓰시오.

> 효종의 왕비인 인선왕후가 죽으며 또 다시 서인과 남인 사이에서 예송이 일어났어요. 당시 (㉠)은/는 신하들의 법도에 따라야 한다며 자의대비의 상복 입는 기간은 9개월이어야 한다고 주장하였고, (㉡)은/는 왕실의 법도에 따라야 한다며 자의대비의 상복 입는 기간은 1년이어야 한다고 주장하였답니다.

㉠ :　　　　　　　　　　㉡ :

한국사능력검정시험

04 (가) 왕이 추진한 정책으로 옳은 것은?
기본 57회

우리 역사 열린 마당

한국사 묻고 답하기　　　답변: 3　조회: 57

질문　☐(가)☐ 에 대해 알려주세요.

답변
↳ 희빈 장씨를 왕비로 책봉하였어요.
↳ 집권 붕당을 교체하는 환국을 여러 차례 단행하였어요.
↳ 대동법을 황해도까지 확대 시행하였어요.

① 장용영을 설치하였다.
② 탕평비를 건립하였다.
③ 상평통보를 발행하였다.
④ 동국여지승람을 편찬하였다.

오픈아이

설쌤! 숙종처럼 마음이 왔다갔다 하면 신하들이 힘들 것 같아요!

맞아요! 중심을 잡을 필요가 있을 것 같아요!

그럼 이 두 왕을 만나러 가봐야겠는걸?

어지러운 정치를 바로 잡는 탕평의 정신을 알리고자 탕평비를 세우셨지.

저분이 영조군요!

한쪽으로 치우치는 것은 소인의 마음이고…!

어느 쪽에도 치우치지 않는 탕평의 정신을 실현하라!

전하의 뜻을 따르겠사옵니다.

영조의 정책을 탕평책이라 한단다. 다음 왕을 만나러 가볼까?

영조

어제는 온달과 평강이가 옳았지만 오늘은 설쌤과 로빈이가 옳다.

정조는 옳고 그름에 따라 명확하게 판단하네요!

맞아! 탕평책이 조금 더 완성되어 가고 있어.

정조

영조와 정조의 탕평 정책으로 나라의 균형이 바로 잡혔겠어요!

그런데 정조가 돌아가시고 나라가 엄청 혼란해지기 시작했어.

왜죠? 갑자기 그렇게 변할 수 있어요?

나이가 어린 왕이 나라를 이끌게 되면서 소수 가문이 권력을 독점하게 되었거든.

평강이 말이 맞아! 무슨 일인지 알아보러 갈까?

한판 정리

영조와 정조의 업적

	영조	정조
탕평책	• 탕평파 중심의 정치 • 탕평비 건립	• 붕당과 상관없이 능력 있는 인재 등용
왕권 강화 및 개혁 정책	• 서원 정리 • 균역법 시행 • 청계천 정비	• 규장각 설치 • 초계문신제 시행 • 규장각 검서관에 서얼 등용 • 장용영(친위 부대) 설치 • 수원 화성 건설
법전	• 『속대전』 편찬	• 『대전통편』 편찬

이제 싸우지 말고 사이좋게 지내!

탕평

영조

정조

영조의 업적에 대해 알아봅시다

더 알아보기

* **무수리**

궁궐 안에서 청소 등의 심부름을 하던 여자 종

탕평의 정신을 담은 음식, 탕평채!

영조가 시행한 탕평책을 상징하는 음식이 있다는 사실, 알고 있나요? 청포묵에 갖은 채소와 김, 쇠고기 등 여러 재료를 올려 먹는 탕평채는 여러 붕당이 한데 어울려 힘을 합친 정치를 하라는 탕평책의 정신이 고스란히 담겨 있어요.

* 영조의 탕평책은 어떻게 이루어졌을까?

숙종 때 세 차례 환국을 거치면서 붕당 간의 싸움이 더욱 심해졌어요. 이 와중에 숙종의 뒤를 이은 경종(장희빈의 아들)이 몸이 약해 아들을 낳지 못하고 죽자, 숙종과 무수리* 최씨 사이에서 태어난 영조가 왕이 되었어요.

어려서부터 붕당 사이의 싸움을 지켜봐 왔던 영조는 하나의 붕당이 권력을 독점하는 지금의 상황을 멈춰야겠다고 생각했어요. 그래서 **영조는 어느 한쪽의 편을 들지 않고 골고루 인재를 뽑아 쓰는 정치를 펼쳤는데, 이를 탕평책**이라고 해요.

영조는 한쪽으로 치우치지 않은 세력인 탕평파를 중심으로 정치를 해 나갔고, 자신의 탕평 의지를 밝히고자 훗날 관리가 될 학생들이 공부하는 성균관 앞에 **탕평비**를 세우기도 했어요. 그리고 사림의 기반이 되었던 서원이 붕당 정치의 뿌리 역할을 하며 골칫거리가 되자 서원을 정리해 그들의 세력을 약화시키고자 했답니다.

탕평비

두루 원만하고 편을 가르지 않음이 군자의 공정한 마음이고, 편을 가르고 원만하지 못함이 소인의 사사로운 마음이다.

체제 정비와 백성을 위한 영조의 정책에는 무엇이 있을까?

조선 후기에는 16세에서 60세에 해당하는 성인 남성에게 군포를 2필씩 거두었어요. 하지만 군포를 거두는 과정에서 탐관오리들의 횡포가 심했는데, 군포를 내지 않아도 되는 3살 어린아이에게 군포를 거두기도 하고 심지어 죽은 사람에게도 군포를 걷었다고 해요.

영조는 탕평책을 실시하며 관리들에게는 엄격했지만, 백성들에게는 인자한 임금이었어요.

이러한 사정을 알게 된 영조는 백성들의 부담을 줄이고자 **군포를 절반으로 줄여주는 균역법을 시행**했어요. 또 큰비가 내렸을 때 강물이 흘러넘쳐 백성들이 피해 입는 것을 막기 위해 청계천 정비 공사를 시행하기도 했어요.

백성을 위한 정책을 폈던 영조는 조선 후기의 통치 체제를 정비하기 위한 정책도 실시했어요. 『경국대전』이 만들어진 이후 시간이 지나 조선 후기의 사회 상황과 맞지 않는 점이 발견되자 **『속대전』이라는 법전을 편찬**했답니다.

＊**군포**
조선 시대에 군역을 면제해 주는 대신 거두어들이던 옷감

＊**탐관오리**
백성의 재물을 빼앗는 탐욕스러운 관리

＊**횡포**
제 멋대로 굴며 몹시 난폭함

이제 비가 많이 와도 걱정 없겠어!

정조의 업적에 대해 알아봅시다

 더 알아보기

✳ 역적의 아들은 어떻게 왕이 되었을까?

영조에게는 늦은 나이에 얻은 귀한 아들이 있었어요. 세자는 어려서부터 똑똑해 영조의 기대를 한 몸에 받았었죠. 하지만 세자는 자라면서 공부보다는 무예에 관심을 가지게 되었고, 영조는 이런 세자에게 큰 실망을 하게 되었어요. 점점 영조가 세자를 꾸짖는 일이 많아지자 세자는 아버지가 무서워 눈치를 보게 되었고, 세자는 마음의 병에 걸려 말썽을 피웠다고 해요.

이 상황에서 노론이 영조에게 세자를 처벌하라고 부추겼어요. 세자가 점점 더 잘못된 행동을 하자, 결국 영조가 세자를 뒤주에 가두어 굶겨 죽이는 일까지 발생했어요. 그리고 영조는 세자의 죽음을 슬퍼하며 세자에게 '사도'라는 이름을 내려주었어요.

사도 세자와 달리 사도 세자의 아들은 할아버지 영조의 사랑을 듬뿍 받았어요. 그래서 비극적인 아버지의 죽음에도 불구하고 영조의 뒤를 이어 왕이 될 수 있었으니, 바로 **조선의 제22대 왕 정조**예요.

노론

숙종 때 발생한 환국으로 서인과 남인이 대립하는 과정에서 서인이 노론과 소론으로 나뉘었어요. 소론은 경종(장희빈의 아들)을 지지한 반면, 노론은 영조(무수리 최씨의 아들)를 지지했어요. 결국 경종이 일찍 죽어 영조가 왕위를 차지하자 노론이 정치를 주도하게 되었지요.

✳ 정조는 어떤 정책을 펼쳤을까?

  사도 세자의 죽음에 찬성했던 노론 세력은 사도 세자의 아들인 정조를 눈엣가시로 여겼어요. 왕이 된 정조가 아버지의 죽음에 관련이 있는 자신들에게 복수할 것이라고 생각했던 것이죠. 하지만 정조는 복수가 아닌 올바른 정치란 무엇인가를 고민했어요.

  정조는 할아버지 영조의 뜻을 이어 **여러 붕당이 균형을 이루는 탕평책을 시행하되, 붕당과 상관없이 능력 있는 인재를 뽑아** 정치를 안정시키려고 노력했어요. 이를 위해선 신하들에게 휘둘리지 않는 강력한 왕권이 필요했죠.

  정조는 먼저 능력 있는 학자들을 키워내기 위해 **규장각이라고 하는 왕실 도서관**을 세웠어요. 그리고 정약용처럼 젊고 유능한 인재들을 자신의 편으로 만들기 위해 왕이 **젊은 신하들을 재교육하는 초계문신제를 시행**했어요.

  정조는 붕당뿐만 아니라 신분에도 상관없이 인재를 뽑았어요. 사회적으로 차별받던 **서얼도 능력만 있으면 규장각 검서관이라는 관직에 등용**했던 거예요. 또한 정조는 **왕의 친위 부대인 장용영을 설치**해 왕권을 강화했으며, 법전인 **『대전통편』을 편찬**하기도 했어요.

✳ **인재**
어떤 일을 할 수 있는 지식이나 능력을 갖춘 사람

✳ **서얼**
양반의 자손 가운데 첩의 자식

✳ **등용**
인재를 뽑아서 씀

온 세상을 비추는 저 달처럼 모든 백성을 위한 임금이 돼야지!

정조

설쌤이 날 가르쳐주시는 것도 초계문신제인가?

✴ 정조는 왜 수원 화성을 지었을까?

정조는 아버지인 사도 세자의 묘를 수원으로 옮기고 가까운 곳에 **수원 화성**을 세웠어요. 수원 화성은 아버지를 기리기 위한 곳인 동시에 **정조가 자신의 개혁 정치를 펼치기 위한 새로운 도시이기도** 했어요. 화성을 건설할 때 **정약용이 도르래의 원리를 이용하여 만든 거중기를 사용**하여 공사 시간을 매우 단축할 수 있었어요. 수원 화성은 과학적 특징과 예술적 모습을 인정받아 유네스코 세계유산에 등재되었답니다.

▲ 수원 화성

이러한 정조의 노력으로 조선 후기 혼란스러웠던 붕당 정치가 안정되어가는 듯 했지만, 여전히 붕당 사이의 다툼은 남아 있었고 정조가 죽자 조선 사회에는 엄청난 혼란이 찾아오게 되었어요.

초능력 온달 ◉ ✗ 퀴즈 이 글의 내용과 일치하면 O표, 일치하지 않으면 X표 해보세요.

❶ 영조는 균역법을 시행하여 백성들의 세금 부담을 줄이고자 하였습니다.　　　　　　　　　(◎ , ✗)

❷ 정조는 왕권을 강화하기 위하여 친위 부대인 별무반을 설치하였습니다.　　　　　　　　　(◎ , ✗)

초능력 평강 퀴즈

❶ 영조 때 건립된 다음 비석과 관계있는 정책을 쓰시오.

두루 원만하고 편을 가르지 않음이 군자의 공정한 마음이고, 편을 가르고 원만하지 못함이 소인의 사사로운 마음이다.

(　　　　　　　)

❷ 정조의 업적으로 옳지 <u>않은</u> 것을 고르시오.

(　　　)

① 수원 화성을 건설하였다.
② 법전을 새로 편찬하였다.
③ 청계천을 정비하는 공사를 하였다.
④ 규장각에서 학문 연구를 하도록 하였다.
⑤ 서얼을 규장각 검서관에 등용하였다.

😊 정답과 해설 9쪽

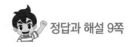

우리학교 객관식 문제

01 밑줄 친 '왕'에 대한 설명으로 옳은 것은?

> 왕은 백성들의 군포의 부담을 줄이고자 군포를 절반으로 줄여주는 균역법을 시행했어요. 또한, 왕은 통치 체제를 정비하기 위해 『속대전』이라는 법전을 편찬하였답니다.

① 장용영을 설치하였다.
② 탕평비를 건립하였다.
③ 백두산정계비를 세웠다.
④ 수원 화성을 건설하였다.
⑤ 초계문신제를 시행하였다.

02 밑줄 친 '이 제도'로 옳은 것은?

> 이 제도는 왕이 스승의 입장에서 젊고 유능한 인재들을 재교육하는 제도이다. 정조가 시행한 이 제도의 대상이 된 인물로는 정약용 등이 있다.

① 과거제
② 현량과
③ 6조 직계제
④ 초계문신제
⑤ 의정부 서사제

우리학교 주관식 문제

03 (가), (나)에 해당하는 국왕을 각각 쓰시오.

> (가) 큰비가 내렸을 때 강물이 흘러넘쳐 백성들이 피해 입는 것을 막기 위해 청계천 정비 공사를 진행하였다.
> (나) 자신의 정치 이상을 실현하고자 수원 화성을 건설하였다.

- (가) :
- (나) :

한국사능력검정시험

04 (가) 왕이 실시한 정책으로 옳은 것은?

기본 60회

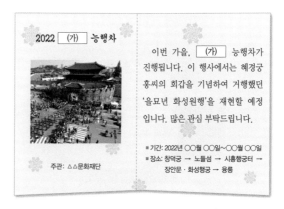

2022 [가] 능행차

이번 가을, [가] 능행차가 진행됩니다. 이 행사에서는 혜경궁 홍씨의 회갑을 기념하여 거행했던 '을묘년 화성원행'을 재현할 예정입니다. 많은 관심 부탁드립니다.

■기간: 2022년 ○○월 ○○일~○○월 ○○일
■장소: 창덕궁 → 노들섬 → 시흥행궁터 → 장안문 · 화성행궁 → 융릉

주관: △△문화재단

① 장용영을 설치하였다.
② 전시과를 시행하였다.
③ 경복궁을 중건하였다.
④ 경국대전을 완성하였다.

08 더 이상 못 참겠다! 홍경래의 난과 임술 농민 봉기

1811년
홍경래의 난

1862년
임술 농민 봉기

오픈아이

설쌤! 소수 가문이 권력을 독점한 시기에는 무슨 일이 있었나요?

탐관오리 때문에 백성들이 힘들었지!

그럼 우리 그 시대를 한번 살아볼까?

이제 조금 있으면 군포라는 세금을 낼 때가 되었군!

군포는 누가 내는 건가요?

16세에서 60세에 해당하는 남성만 내는 세금이야!

설씨네! 이번에 군포 내야지? 준비했는가?

예~ 나으리! 저희 집에서 16세에서 60세 사이에 해당하는 자는 저뿐이니 여기 1필 받으세요!

1필이라니? 아닐 텐데… 여기 보니 설씨네는 총 2필이네!

왜 2필인가요?

맞아요! 16세에서 60세에 해당하는 성인 남성은 설쌤뿐인데!

설씨 말고 따지는 네 녀석도 족히 40세는 되어 보이는구나! 너도 1필 내라!

제가 늙어보인다구요? 나으리가 더 늙어보여요!

네 이놈들! 당장 안 가져오면 곤장으로 다스리겠다!

뭐? 이런 탐관오리가! 한판 붙자!

안돼! 온달아! 일단 여길 벗어나자!

한판 정리

★ 세도 정치의 폐단과 농민 봉기

세도 정치

- 시기 : 순조 → 헌종 → 철종
- 의미 : 외척 세력이 권력을 잡고 마음대로 하는 정치
- 문제점 : 매관매직, 삼정의 문란

	홍경래의 난(순조)	임술 농민 봉기(철종)
원인	서북민(평안도민) 차별 대우	백낙신의 횡포와 삼정의 문란
전개	몰락 양반 홍경래 등 주도 → 청천강 이북 지역 장악	몰락 양반 유계춘 등 주도
결과	관군에 의해 진압	안핵사 박규수 파견, 삼정이정청 설치

세도 정치의 폐단과 농민 봉기에 대해 알아봅시다

 더 알아보기

세도 정치기의 외척

세도 정치기에는 안동 김씨, 풍양 조씨 등이 외척 세력으로 권력을 장악했어요.

삼정

- 전정 : 땅을 가진 사람에게 부과하는 토지세

- 군정 : 16세에서 60세에 해당하는 성인 남성이 군대에 필요한 비용을 내도록 한 세금

- 환곡 : 관청에서 곡식을 빌려주고 이자를 붙여 갚도록 한 제도

✱ 세도 정치기에 어떤 일이 있었을까?

정조가 일찍 세상을 떠나자 순조가 어린 나이로 왕위에 올랐어요. 그러자 왕의 외척 세력이 어린 왕을 대신해 권력을 잡게 되었어요. 이렇게 순조, 헌종, 철종 시기에 **왕의 외척인 몇몇 가문이 권력을 쥐고 나랏일을 마음대로 돌본 시기를 세도 정치기**라고 해요.

권력을 잡은 몇몇 가문은 어떻게 하면 자신들의 권력을 더 키우고 오래 유지할 수 있을지에만 몰두했어요. 그래서 관직을 사고팔거나 백성들을 괴롭히며 못살게 굴었는데, 그중 가장 백성을 힘들게 한 것은 바로 세금이었어요.

탐관오리들은 당시 세 가지 세금에 해당하는 삼정(전정, 군정, 환곡)을 정해진 양보다 훨씬 많이 거두어 이익을 챙겼어요. 이렇듯 탐관오리의 괴롭힘에 자연재해까지 겹치며 백성들의 삶은 점점 힘들어졌고, 더 이상 참지 못한 백성들은 적극적으로 저항을 하기 시작했어요.

✳ 홍경래의 난은 왜 일어났을까?

평안도는 예전부터 많은 차별을 받았던 지역이었어요. 평안도 출신의 사람들은 과거에 합격해도 좋은 관직을 얻지 못했고 다른 지역의 사람들보다 많은 세금을 내는 등의 차별을 받았는데, 여기에 세도 가문의 괴롭힘까지 겹치면서 불만이 극에 달했어요.

결국 **서북민(평안도민, 청천강 이북민)에 대한 차별 대우에 화가 난 홍경래를 중심으로 난이 일어났어요.** 그러자 당시 몰락한 양반, 농민, 신흥✳ 상공업자, 심지어 광산✳ 노동자 등 세도 정치에 불만이 많던 사람들이 홍경래와 함께 했어요. 무서운 기세로 봉기한 이들은 여러 지역에서 승리했어요. 한때 청천강 이북 지역을 5개월간 장악하기도 했지만 결국 정주성에서 관군에 의해 진압✳되었어요.

비록 홍경래의 난은 실패로 끝났지만 백성들은 탐관오리의 괴롭힘에 맞서 싸울 수 있다는 용기를 얻을 수 있었고, 이후에도 탐관오리의 횡포에 대한 저항이 곳곳에서 일어났답니다.

▲ 19세기 농민 봉기

홍경래
평안도민에 대한 차별 대우, 세도 정치로 인한 삼정의 문란 등 사회의 문제점을 인식하다가 뜻이 맞는 사람들과 함께 난을 일으켰어요.

✳**신흥**
새롭게 일어남

✳**광산**
광물을 캐내는 곳

✳**진압**
힘으로 억눌러 진정시킴

✳ 임술 농민 봉기는 왜 일어났을까?

홍경래의 난 이후에도 세도 가문의 괴롭힘은 계속되었어요. 결국 또다시 전국 각지에서 백성들이 들고 일어났는데, 이것이 바로 **철종 때 발생한 임술 농민 봉기**예요.

임술 농민 봉기는 **탐관오리 백낙신의 횡포와 삼정의 문란**이 원인이 되어 일어났어요. **몰락 양반 유계춘 등이 주도**한 난은 경상도 단성과 진주를 시작으로 북으로는 함경도 함흥, 남으로는 제주도에 이르는 전국적인 농민 봉기로 확산되었어요. 이들은 자신을 괴롭히던 관리들의 집에 불을 지르거나 관아의 창고를 공격했어요.

전국의 백성들이 일으킨 봉기에 놀란 조선 정부는 급히 사건을 수습하기 위해 **박규수를 안핵사로 임명**하여 내려 보냈고, 백성을 괴롭히던 삼정의 문란을 해결하기 위해 **삼정이정청을 설치**했어요. 하지만 큰 성과를 거두지는 못하고 여전히 백성들의 고통은 계속되었답니다.

✳안핵사
조선 후기에 지방에서 발생하는 민란을 수습하기 위해 파견하던 임시 벼슬

✳삼정이정청
삼정의 문란을 바로잡기 위해 설치한 임시 관아

초능력 온달 ⭕❌ 퀴즈
이 글의 내용과 일치하면 O표, 일치하지 않으면 X표 해보세요.

❶ 세도 정치기 백성들의 생활이 더욱 안정되었습니다. (◯ , ✕)
❷ 평안도민에 대한 차별 대우에 반발하여 홍경래가 난을 일으켰습니다. (◯ , ✕)

초능력 평강 퀴즈

❶ 다음에서 설명하는 조선 후기 사건을 쓰시오.

> • 세도 정치기 탐관오리의 가혹한 정치에 반발하여 일어났다.
> • 유계춘의 주도 아래 진주에서 시작하여 전국으로 확산되었다.

( )

❷ 다음 중 홍경래의 난에 대한 설명으로 옳은 것을 두 가지 고르시오. (,)

① 백낙신의 횡포로 인해 일어났다.
② 삼정이정청이 설치되는 계기가 되었다.
③ 몰락 양반, 농민, 상인 등이 가담하였다.
④ 청천강 이북민에 대한 차별 대우가 원인이 되었다.
⑤ 사건을 수습하기 위해 안핵사 박규수가 파견되었다.

🔘 정답과 해설 10쪽

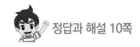 정답과 해설 10쪽

우리학교 객관식 문제

01 다음 자료와 관련된 사건에 대한 설명으로 옳은 것은?

> 평서 대원수는 급히 격문을 띄우노니 ……모두 이 격문을 들으라. …… 심지어 권세 있는 집의 노비들도 서토(평안도) 사람을 보면 반드시 '평안도 놈'이라고 말한다. 어찌 억울하고 원통하지 않은 자 있겠는가.

① 홍경래가 주도하였다.
② 무오사화가 일어나는 배경이 되었다.
③ 삼정이정청이 설치되는 계기가 되었다.
④ 탕평비가 세워지는데 영향을 주었다.
⑤ 조선이 청의 군신 관계 요구를 거절한 것이 원인이 되었다.

02 밑줄 친 '소동'의 결과로 옳은 것을 〈보기〉에서 고른 것은?

> 금번 진주의 난민들이 소동을 일으킨 것은 오로지 전 우병사 백낙신이 탐욕을 부려 수탈하였기 때문입니다. …… 이 때문에 고을 인심이 들끓고 여러 사람의 노여움이 폭발해서 전에 듣지 못하던 변란이 갑자기 일어난 것입니다.

─ 보기 ─
ㄱ. 삼정이정청이 설치되었다.
ㄴ. 두 차례의 예송이 일어났다.
ㄷ. 박규수가 안핵사로 파견되었다.
ㄹ. 평안도민에 대한 차별이 없어졌다.

① ㄱ, ㄴ   ② ㄱ, ㄷ   ③ ㄴ, ㄷ
④ ㄴ, ㄹ   ⑤ ㄷ, ㄹ

우리학교 주관식 문제

03 ㉠~㉢에 들어갈 단어를 쓰시오.

> **삼정의 종류**
> (㉠) : 땅을 가진 사람에게 부과하는 토지세
> (㉡) : 16세에서 60세에 해당하는 성인 남성이 군대에 필요한 비용을 내도록 한 세금
> (㉢) : 관청에서 곡식을 빌려주고 이자를 붙여 갚도록 한 제도

㉠ :   ㉡ :   ㉢ :

한국사능력검정시험

04 밑줄 그은 '사건'에 대한 설명으로 옳은 것은?

기본 57회

① 남접과 북접이 논산에서 연합하였다.
② 삼정이정청이 설치되는 계기가 되었다.
③ 우정총국 개국 축하연을 이용하여 일어났다.
④ 청군에 의해 흥선 대원군이 톈진으로 납치되었다.

06 혼란이 지속되다, 예송과 환국

❶ 예 ⬜	• 자의 대비의 상복 입는 기간을 두고 서인과 남인이 대립함 • 제1차 예송(기해예송) : 서인 1년 vs 남인 3년 주장 → 서인 채택 • 제2차 예송(갑인예송) : 서인 9개월 vs 남인 1년 주장 → 남인 채택
❷ ⬜ 국	• 의미 : 집권 세력이 급격하게 교체됨 • 경신환국 : 서인 승 • 기사환국 : 남인 승 • 갑술환국 : 서인 승

07 우리는 모두의 편, 탕평책을 실시한 영조와 정조

	영조	정조
탕평책	• 완론 탕평 : 탕평파 중심의 정치 • ❶ ⬜⬜⬜ 비 건립	• 준론 탕평
왕권 강화 및 개혁 정책	• 서원 정리 • ❷ 균 ⬜ 법 시행 • 청계천 정비	• 규장각 육성, 장용영 설치 • ❸ 초 ⬜ 문 ⬜ 제 시행 • ❹ 수 ⬜ 화 ⬜ 건설
법전 편찬	•『속대전』	•『대전통편』

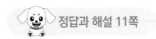

08 더 이상 못 참겠다! 홍경래의 난과 임술 농민 봉기

	❶ 홍 ☐ ☐ 의 난	임술 농민 봉기
원인	• 서북민(평안도민) 차별 대우	• ❷ 백 ☐ 신 의 횡포와 삼정의 문란
전개	• 청천강 이북 지역 장악	• 몰락 양반 유계춘 등 주도
결과	• 관군에 의해 진압	• 안핵사 박규수 파견 • ❸ 삼 ☐ 이 ☐ 청 설치

설쌤의 지식 오픈!

" 세도 가문의 꼭두각시?! 왕이 된 강화도령, 철종 "

정조가 죽은 이후 어린 순조가 즉위하면서 외척인 안동 김씨 가문에 의한 세도 정치가 시작되었어요. 그러던 중 순조의 뒤를 이은 헌종이 아들을 낳지 못하고 죽자 세도 가문은 다음 왕으로 즉위시킬 사람을 찾아야 했어요. 하지만 왕을 마음대로 휘두르고 계속해서 권력을 유지하고 싶었던 세도 가문은 똑똑한 인물보다는 멍청한 사람을 왕으로 세우고 싶었어요. 그래서 찾아낸 사람이 바로 강화도에 살고 있는 이원범이라는 사람이었답니다. 이원범은 사도 세자의 먼 후손으로 가문이 역모에 휘말려 글도 배우지 못한 채 농사를 지으면서 살아가고 있었어요. 평민의 삶을 살던 강화도령이 하루아침에 왕이 되어 버린 상황! 세도 정치기 조선 왕실이 겪던 어려움과 그로 인해 겪었을 백성들의 고통이 어떨지 짐작해 볼 수 있습니다.

우리가 만약 홍경래의 난과 임술 농민 봉기를 일으켰다면 어떤
구호를 외쳤을지 정하여 현수막을 그려봅시다.

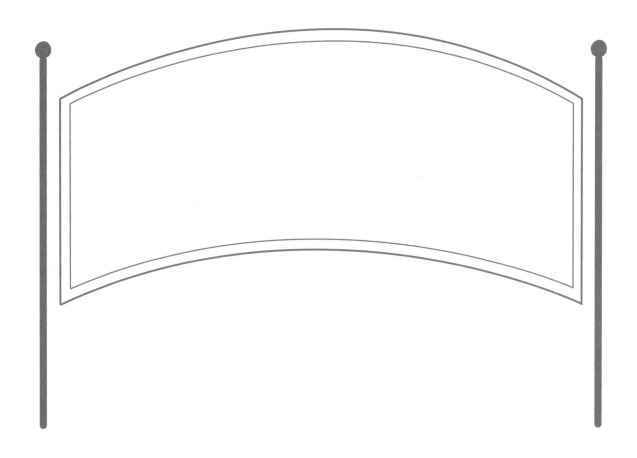

4 " 백성의 고통을 줄이기 위한 세금 제도와 서민 문화의 발달 "

1608년	1635년	1750년
대동법 첫 시행	영정법 시행	균역법 시행

오픈아이

설쌤! 탐관오리가 세금을 너무 부당하게 거두네요!

세금 제도의 문제를 해결하고자 한 노력은 없나요?

있어! 우리 그때로 가볼까?

자~! 집집마다 각자 준비해 온 공납을 내도록 하시오!

네! 사과 여기 있습니다.

여기 있습니다!

오른쪽에 있는 사람은 내고 가시고 왼쪽에 있는 사람은 돌아가서 다른 사과를 가져오시오!

아니! 저 벌레 먹은 사과는 받아주면서 멀쩡한 제 사과는 왜 안받아주시나요?

당신도 내가 아는 상인에게 사과를 사서 그 사과를 내도록 하게! 그러면 받아주겠네!

제게 사과가 있는데, 굳이 돈을 주고 사과를 사야한단 말입니까?

설쌤! 어찌된 일인가요?

지금 세금으로 특산물을 내는데 관리가 받지 않고 있지? 저걸 방납이라고 그래!

근데 왜 백성이 가져온 사과는 안 받고, 관리가 지정한 상인한테서 산 것만 받으려 해요? 이거 문제가 있네요!

맞아! 저 문제를 공납의 폐단이라고 해! 백성들은 어쩔 수 없이 관리가 정해준 상인한테 물건을 사서 내야하는데, 실제 물건 값의 10배에서 1000배를 받고 팔았다고 해…

대동법을 시행하여 문제를 해결해야겠군!

광해군

한판 정리

수취 체제의 개편

		조선 후기 세금 제도
조세 (전세)	영정법 (인조)	• 특징 : 조세를 풍흉에 관계없이 1결당 4~6두 징수
공납	대동법 (광해군)	• 원인 : 방납의 폐단 • 특징 : 특산물 대신 쌀·베·면포·동전 등을 공납으로 징수 • 과정 : 경기도에서 처음 시행 → 100년에 걸쳐 전국에 시행 • 결과 : 공인 등장
역	균역법 (영조)	• 특징 : 군포를 2필에서 1필로 줄여줌 • 결과 : 부족분을 채우기 위해 결작·어염세·선박세·선무군관포를 거둠

저 같은 어린 아이도 군포를 내야 한다고요?!

난 사과를 재배하는데 곶감을 세금으로 내라 하다니..

새로운 세금 제도가 필요하겠어!

조선 후기 수취 체제에 대하여 알아봅시다.

 더 알아보기

✳ 조세(전세)는 어떻게 변하였을까?

조세(전세)란 토지를 대상으로 거두는 세금을 말해요. 조선 건국 초에는 보통 생산량의 10분의 1정도를 세금으로 거두었어요. 이때는 정확한 기준 없이 대략적으로 세금을 거두었기 때문에 세종 때 조세 제도를 일정하게 정리할 필요성이 나타났어요.

그래서 세종 때 공법을 제정했는데, 공법은 한 해의 농사가 풍년인지 흉년인지, 토지의 상태는 어떤지 등을 고려하여 등급을 나누고 세금을 부과하는 제도였어요.

그런데 공법은 기준이 54가지나 되어 실제로 시행하는 데 많은 어려움이 있었어요. 그래서 인조 때 새로운 조세 제도인 **영정법**을 시행하게 되었답니다. **영정법은 풍흉에 관계없이 토지 1결당 4~6두의 세금을 내도록 정한 것**이에요. 하지만 영정법의 시행으로 이전보다 세금을 내는 기준은 단순해졌음에도 불구하고 농민에게 다른 부가세를 내도록 하여 실제로 농민들에게 큰 도움이 되지는 않았어요.

✳**결**
논밭 넓이의 단위

✳**두**
곡식의 부피를 잴 때 사용하는 단위로, 1두가 약 18리터에 해당함

✳**부가세**
추가로 더 내야 하는 세금

✱ 공납은 어떻게 변하였을까?

공납이란 각 지역의 특산물˟을 집집마다 거두는 세금을 말해요. 하지만 지역에서 나지 않는 특산물을 내라고 하거나, 흉년˟이 들어 특산물을 생산하지 못할 때에는 공납을 제대로 바치기 어려웠다는 문제가 있었어요.

그래서 점차 공납을 위해 다른 지역에서 특산물을 대신 구해다 주고 일정 대가를 받는 중간 상인들이 생겨났어요. 하지만 이들이 원래의 물건 가격보다 몇 배나 되는 이자를 붙여 대가를 챙기면서 백성들의 고통이 깊어졌는데, 이를 가리켜 **방납의 폐단**이라 불러요. **광해군은 이러한 방납의 폐단을 바로잡기 위해 대동법을 경기 지역에서 처음 시행**했어요.

대동법은 **특산물 대신 쌀·베·면포·동전** 등으로 공납을 거두도록 하고 집집마다 내던 세금을 **토지 결수를 기준**으로 걷은 것이었어요. 이는 일반 백성들의 세금 부담을 줄여주었지만, 많은 토지를 가졌던 양반들은 늘어난 세금에 불만을 가졌지요. 때문에 대동법은 전국적으로 시행되는 데 100년이 걸렸답니다.

또한 대동법의 시행으로 공납을 특산물 대신 쌀이나 동전 등으로 거두게 되면서 **국가에 필요한 특산물이 있을 경우 대신 사오는 상인이 등장**했는데, 이들을 공인이라고 불러요.

˟**특산물**
어떤 지역의 특별한 생산물

˟**흉년**
농사가 잘되지 않아 굶주리게 된 해

✱ 군역은 어떻게 변하였을까?

조선 후기에는 16세에서 60세에 해당하는 성인 남성에게 군포라는 세금을 내도록 했어요. 군포는 군대에 가는 대신 1년에 옷감 2필을 바치도록 한 세금을 말해요.

하지만 군포를 거두는 과정에서 많은 문제점이 발생했어요. 탐관오리들이 군포를 내지 않아도 되는 3살 어린아이나 65세 할아버지에게도 군포를 내라고 하고, 심지어 죽은 사람에게도 군포를 거두었다고 해요.

이 때문에 백성들의 괴로움이 나날이 심해지자 **영조는 균역법을 실시하여** 백성들의 부담을 줄여주고자 했어요. **2필을 내야했던 군포를 절반인 1필로 줄여주었고**, 이로 인해 부족한 부분을 채우려 땅을 가진 **지주에게 결작(1결당 2두)이라는 세금을 내게 했어요.** 그리고 왕실의 재산이던 **어염세**✱와 선박세 등으로 **부족한 부분을 보충**하기도 했지요. 또, 일부 부유한 상민에게 선무군관이라는 관직을 주고 그 대신 매년 1필씩 군포(선무군관포)를 내도록 했답니다.

✱**어염세**
물고기 등을 잡는 어업이나 소금을 만들어 파는 사람들에게 부과하던 세금

✱**선박세**
선박을 가진 사람에게 부과하던 세금

 이 글의 내용과 일치하면 O표, 일치하지 않으면 X표 해보세요.

❶ 조선 인조는 풍흉을 고려하여 1결당 4~6두의 세금을 부과하는 영정법을 시행하였습니다.　　　　(○ , ✕)

❷ 균역법 시행의 결과 공인이 등장하였습니다.　　　　(○ , ✕)

❶ 다음 [　　　] 에 들어갈 단어를 쓰시오.

> 균역법이 시행되면서 군포 수입의 부족분을 채우고자 지주에게 1결당 2두씩 [　　　]을/를 부과하였다.

(　　　　　　)

❷ 대동법에 대한 설명으로 옳은 것은?　　(　　)

① 조선 인조 때 처음 시행되었다.
② 공인이 등장하는 계기가 되었다.
③ 군포 징수의 폐단을 바로잡고자 하였다.
④ 수입의 부족분을 채우고자 선무군관포를 징수하였다.
⑤ 풍흉에 관계없이 세금을 1결당 4~6두로 고정하였다.

☺ 정답과 해설 11쪽

정답과 해설 11쪽

우리학교 객관식 문제

01 밑줄 친 '이 제도'로 옳은 것은?

> 조선 초에는 보통 생산량의 10분의 1 정도를 조세(전세)로 거두었어요. 이후 세종 때 정확한 세금 부과 기준을 정하고자 공법을 제정하였는데, 공법은 기준이 54가지나 되어 실제로 시행하는 데 많은 어려움이 있었어요. 그래서 인조 때 이 제도를 시행하게 되었답니다. 이 제도는 풍흉에 관계없이 토지 1결당 4~6두의 세금을 내도록 정한 것이에요.

① 호패법　　② 균역법　　③ 영정법
④ 대동법　　⑤ 진대법

02 ㉠에 해당하는 내용으로 옳은 것을 〈보기〉에서 고른 것은?

> 영조는 균역법을 실시하여 백성들의 부담을 줄여주고자 했어요. 2필을 내야했던 군포를 절반인 1필로 줄여주었고, 이로 인해 ㉠부족한 부분을 채우기 위해 다양한 방법을 찾았어요.

| 보기 |

ㄱ. 영정법을 시행하였다.
ㄴ. 어염세와 선박세를 거두었다.
ㄷ. 서얼을 규장각 검서관에 등용하였다.
ㄹ. 지주에게 1결당 2두씩 결작을 거두었다.

① ㄱ, ㄴ　　② ㄱ, ㄷ　　③ ㄴ, ㄷ
④ ㄴ, ㄹ　　⑤ ㄷ, ㄹ

우리학교 주관식 문제

03 다음 자료를 읽고 물음에 답하시오.

> 광해군은 방납의 폐단을 바로잡기 위해 이 제도를 경기 지역에서 처음 시행하였어요. 이 제도는 특산물 대신 쌀·베·면포·동전 등으로 공납을 거두도록 하였어요.

(1) 밑줄 친 '이 제도'의 이름을 쓰시오.
　(　　　　　　　　　　　　)

(2) '이 제도'의 시행 결과 1가지를 서술하시오.
　(　　　　　　　　　　　　)

한국사능력검정시험

04 (가)에 들어갈 제도로 옳은 것은?
기본 60회

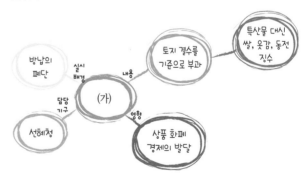

① 과전법　　　　② 균역법
③ 대동법　　　　④ 영정법

⑩ 조선 후기 서민 문화의 발달과 실학

1778년 「북학의」 편찬

1818년 「목민심서」 편찬

오픈아이

한판 정리

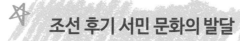

조선 후기 서민 문화의 발달

	서민 문화
등장 배경	• 농업과 상업의 발달 → 서민들의 경제적 여유 증가
문학	• 한글 소설 유행 • 전기수 활동
예술	• 판소리·탈놀이 유행
그림	• 풍속화 : 김홍도, 신윤복 등 • 민화

한판 정리

실학의 등장

중농학파	• 농업에 관심, 토지 제도의 개혁을 주장 • 대표 학자 - 유형원 : 『반계수록』 저술, 균전론 주장 - 이익 : 『성호사설』 저술, 한전론(영업전 설정) 주장 - 정약용 : 『목민심서』 저술, 여전론 주장, 거중기 제작
중상학파	• 상공업에 관심, 청의 문물 수용 주장 • 대표 학자 - 홍대용 : 지전설·무한우주론 주장 → 중국 중심 세계관 비판 - 박지원 : 『열하일기』·『양반전』 저술, 수레와 선박 이용 주장 - 박제가 : 『북학의』 저술, 소비의 중요성 주장

설쌤의 한국사 스토리텔링

조선 후기 서민 문화의 발달에 대하여 알아봅시다.

✳ **조선 후기 서민 문화는 왜 발달하게 되었을까?**

양난* 이후 나라 안에서 경제적·사회적으로 많은 변화가 일어났어요. **모내기법이 전국에 확산**되면서 많은 돈을 버는 농민이 생기는 반면, 농사지을 땅이 없어 쫓겨나는 농민들이 생기기도 했지요. 또 **상업의 발달로 전국에 장시(시장)가 생겨나** 엄청난 부를 얻은 상인이 등장하는 한편, 힘이 없어 몰락한 양반이 등장하기도 했어요.

이렇게 농업과 상업의 발달로 경제적인 여유가 생긴 일반 백성들 사이에서 문학이나 예술 등 여러 문화가 발달하기 시작했는데, 이를 **서민* 문화**라고 해요. 이를 통해 백성들은 자신의 생각과 일상생활을 자유롭게 표현했으며, 양반들을 풍자*하기도 했어요.

더 알아보기

＊양난
임진왜란과 병자호란을 뜻함

＊서민
벼슬이 없거나 신분이 높지 않은 일반 사람

＊풍자
사회나 남의 잘못을 다른 것에 빗대어 비판하는 것

✳ 서민 문화에는 어떤 것들이 있을까?

세종 때 만들어진 한글은 일반 백성들도 쉽게 익힐 수 있었고, 이제 더 이상 문학은 양반만의 문화가 아니게 되었어요. 조선 후기 서민들 사이에서 **한글 소설이 크게 유행했는데** 『홍길동전』, 『춘향전』, 『흥부전』 등의 다양한 소설들이 인기 있었다고 해요. 한글 소설의 유행으로 사람들에게 돈을 받고 소설을 재미나게 읽어주는 '**전기수**'라는 직업이 새로 생겨나기도 했답니다.

또한 사람들이 많이 모이는 장터에서 **소리꾼이 이야기를 장단에 맞춰 들려주는 판소리나, 탈을 쓰고 춤을 추며 연극하는 탈놀이**도 유행했어요.

또한, 조선 후기에는 당시 **백성의 생활 모습을 고스란히 담은 풍속화**가 유행하기도 했어요. 대표적인 풍속화가로 **김홍도와 신윤복**이 있는데, 김홍도는 서민의 일상생활을 주로 표현한 반면 신윤복은 양반 여인이나 남녀의 사랑을 주로 표현했어요. 이 외에도 **이름이 알려지지 않은 서민들이 그린 민화**도 유행했답니다.

판소리
「춘향가」, 「흥보가」, 「심청가」, 「수궁가」, 「적벽가」 등 다섯 마당의 판소리가 전해지고 있어요.

▲ 김홍도의 「서당」

▲ 신윤복의 「단오풍정」

▲ 민화 「까치와 호랑이」

설쌤의 한국사 스토리텔링

조선 후기 실학의 발달에 대하여 알아봅시다

✳ 실학은 어떤 특징을 가지고 있을까?

왜란과 호란의 발생 이후 조선 후기 사회에 변화가 일어나자 몇몇 학자들은 조선 사회를 지배하던 성리학적 질서가 이러한 변화에 적절히 대응하지 못할 것이라고 보았고, **현실 문제를 해결하는 데 도움이 되는 실질적인 학문**이 필요하다고 주장했어요. 이것이 바로 조선 후기에 등장한 **실학**이에요.

실학은 크게 **농업 중심의 개혁을 주장한 중농학파와 상공업 중심의 개혁을 주장한 중상학파**로 나눠져요. 중농학파와 중상학파는 서로 다른 개혁 방법을 제시하고 있지만 결국엔 나라가 강해지고 백성들의 편안한 삶을 위한다는 공통된 목표를 가지고 있었답니다.

더 알아보기

✳대응
어떤 일이나 상황에 맞추어 행동함

✱ 중농학파의 대표적인 인물들은 어떤 주장을 하였을까?

중농학파는 농민을 위한 개혁에 관심을 가진 실학자들로, 농민에게 가장 중요한 토지 제도의 개혁을 제시했어요. 대표적인 학자로 유형원, 이익, 정약용 등이 있답니다.

유형원은 통치 제도 전반의 개혁을 담은 『반계수록』을 저술하고, 신분에 따라 차이를 두어 토지를 나눠줘야 한다는 **균전론**을 주장했어요.

이익은 천문, 지리, 역사, 제도, 풍속 등을 엮어 『성호사설』을 저술하고, 농민이 스스로 생활하는 데 필요한 최소한의 토지를 영업전으로 설정해 사고 팔지 못하도록 하자는 **한전론**을 주장했어요.

정약용은 지방 수령*이 지켜야 할 규범을 제시한 **『목민심서』를 저술**하고, 마을 사람들이 마을의 토지를 이용해 함께 농사를 짓고 일한 만큼의 수확량을 나누어 가지자는 **여전론**을 주장했어요. 또한 정약용은 도르래의 원리를 이용한 **거중기를 제작하여 정조가 수원 화성을 건설하는 데 크게 기여**했답니다.

✱수령
조선 시대에 지방 고을을 맡아 다스리던 관리

도르래의 원리
바퀴에 홈을 파고 줄을 걸고 돌려 물건을 움직이는 장치의 원리로, 무거운 물건을 들어 올릴 때 사용해요.

▲ 거중기

✱ 중상학파의 대표적인 인물들은 어떤 주장을 하였을까?

중상학파는 상공업의 발달에 관심을 가진 실학자들로, 청의 발달된 기술을 배워 상공업을 개혁시킬 것을 주장했어요. 중상학파의 대표적인 학자에는 홍대용, 박지원, 박제가 등이 있어요.

홍대용은 지구가 스스로 돌아간다는 지전설과 지구가 우주의 중심이 아니라는 무한우주론을 주장하면서 중국이 세상의 중심이라는 중국 중심의 세계관을 비판했어요.

박지원은 청을 방문하여 자신이 보고 느낀 것을 바탕으로 『열하일기』를 저술했고, **『양반전』을 통해 지배층인 양반을 풍자하며 양반 중심 사회를 비판**했어요. 또한 박지원은 상업과 상품 유통✱을 발전시키기 위해 **수레와 선박을 적극적으로 이용**해야 한다고 주장했어요.

박제가도 청에 다녀온 후 보고 느낀 것을 『**북학의**』에 기록하였고, 재물을 우물에 비유하며 소비를 통해 생산력을 늘릴 것을 주장했답니다.

중상학파는 북쪽에 있는 청 문물의 영향을 많이 받았기에 **북학파**라고도 불렸으며, 훗날 개화사상에 큰 영향을 주었어요.

✱유통

상품 등이 생산자에게서 소비자에게 전달되는 과정

박제가의 소비론

비유컨대 재물은 대체로 우물과 같은 것이다. 퍼내면 차고, 버려두면 말라 버린다.
　　　　　　　－『북학의』－

✱개화사상

근대적인 제도와 사상을 받아들여 근대화를 이루고자 하는 사상

 **초능력 온달 Ⓞ Ⓧ 퀴즈**　　이 글의 내용과 일치하면 O표, 일치하지 않으면 X표 해보세요.

❶ 조선 후기에 한글 소설이 유행함에 따라 전기수가 활동하였습니다. 　　　　　　　　　　(Ⓞ , Ⓧ)

❷ 중상학파의 대표적인 인물인 박지원은 지전설과 무한우주론을 주장하였습니다. 　　　　(Ⓞ , Ⓧ)

초능력 평강 퀴즈

❶ ㉠, ㉡에 들어갈 알맞은 단어를 쓰시오.

> 중농학파는 토지 제도 개혁을 주장하였다. 중농학파의 대표적인 인물인 (㉠)은/는 지방관의 덕목을 제시한 『목민심서』를 저술하였으며, (㉡)을/를 제작하여 수원 화성을 건설하는 데 기여하였다.

㉠ :　　　　　　　㉡ :

❷ 조선 후기의 사회 모습으로 옳지 <u>않은</u> 것은?
　　　　　　　　　　　　　(　　)

① 공인이 활동하였다.
② 판소리가 유행하였다.
③ 훈민정음이 창제되었다.
④ 상평통보가 유통되었다.
⑤ 현실 문제를 해결해야 한다는 실학이 발달하였다.

🎯 정답과 해설 12쪽

초능력 Level up 문제

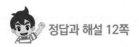
정답과 해설 12쪽

우리학교 객관식 문제

01 (가)에 들어갈 내용으로 가장 적절한 것은?

> **설민석의 오픈아이 한국사**
> 주제 : [(가)]
> 내용
> • 한글 소설의 유행
> • 판소리 · 탈놀이 유행
> • 김홍도 등이 그린 풍속화에 담긴 내용

① 호족의 성장
② 무신 정변의 발생
③ 서민 문화의 발달
④ 한강을 둘러싼 삼국의 항쟁
⑤ 이민족의 침입에 대한 고려의 대응

02 (가)에 들어갈 인물로 옳은 것은?

> [(가)]은/는 도르래의 원리를 이용한 거중기를 제작하여 정조가 수원 화성을 건설하는 데 크게 기여했답니다.

① 홍대용   ② 정약용
③ 유형원   ④ 박지원
⑤ 박제가

우리학교 주관식 문제

03 밑줄 친 내용이 비판한 사실을 쓰시오.

> 홍대용은 지구가 스스로 돌아간다는 지전설과 지구가 우주의 중심이 아니라는 <u>무한우주론</u>을 주장하였다.

(   )

한국사능력검정시험

04 (가)에 들어갈 인물로 옳은 것은?

기본 61회

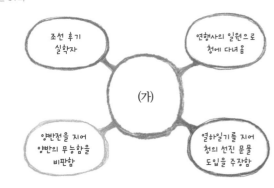

조선 후기 실학자 / 연행사의 일원으로 청에 다녀옴 / (가) / 양반전을 지어 양반의 무능함을 비판함 / 열하일기를 지어 청의 선진 문물 도입을 주장함

① 이이
② 김정희
③ 박지원
④ 송시열

배운 내용으로 빈칸 채우기

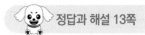정답과 해설 13쪽

09 100년에 걸쳐 시행된 법이 있다고?

❶ ☐ 정 ☐ (인조)	조세를 풍흉에 관계없이 1결당 4~6두 징수
❷ 대 ☐☐ (광해군)	• 원인 : ❸ ☐ 납 의 폐단 • 특징 : 특산물 대신 쌀·베·면포·동전 등을 공납으로 징수 • 과정 : 경기도에서 처음 시행 → 100년에 걸쳐 전국에 시행 • 결과 : ❹ ☐ 인 등장
❺ 균 ☐☐ (영조)	• 특징 : 군포를 2필에서 1필로 줄여줌 • 결과 : 부족분을 채우기 위해 결작, 어염세 등을 거둠

10 조선 후기 서민 문화의 발달과 실학

서민 문화의 발달	● 문학 : ❶ ☐☐ 소설 유행 → 전기수 등장 ● 음악 : 판소리, 탈놀이 유행 ● 풍속화 : 김홍도, 신윤복 등의 그림	
실학	중농학파	• 농업에 관심, 토지 제도의 개혁을 주장 • 대표 학자 – ❷ 유 ☐☐ : 『반계수록』 저술, 균전론 주장 – 이익 : 『성호사설』 저술, 한전론(영업전 설정) 주장 – ❸ 정 ☐ 용 : 『목민심서』 저술, 여전론 주장, 거중기 제작
	중상학파	• 상공업에 관심, 청의 문물 수용 주장 • 대표 학자 – ❹ 홍 ☐☐ : 지전설·무한우주론 주장 → 중국 중심 세계관 비판 – ❺ ☐ 지 ☐ : 『열하일기』·『양반전』 저술, 수레와 선박 이용 주장 – 박제가 : 『북학의』 저술, 소비의 중요성 주장

설쌤의 지식 오픈!

> ## 조선 시대 여성들은 어떻게 살았을까?

고려 시대부터 조선 전기까지만 해도 여성은 남성과 비교적 동등한 지위를 가져 아들·딸 구별 없이 재산을 물려받고 재혼도 자유로웠어요. 하지만 유교적 예법을 매우 중시하는 사림이 정권을 잡으면서 남성과 여성의 역할을 구별하고, 여성에 대한 차별이 심해졌어요. 여자는 재산을 물려받을 때도 차별을 받았고, 재혼도 금지되었으며 아버지와 남편, 아들을 따라 살아야 하는 등 유교적 가치관에 따라 통제받는 삶을 살았어요. 하지만 훌륭한 예술 작품을 남긴 신사임당, 제주도에 흉년이 들자 자신이 모은 돈으로 백성들의 목숨을 구한 김만덕 등 남성보다 능력을 발휘할 수 있는 기회가 적었음에도 역사에 이름을 남긴 여성들도 있답니다.

▲ 신사임당의 「초충도」

조선 후기 서민 문화가 발달하면서 서민들의 일상생활을 담은 풍속화가 많이 그려졌어요. 우리도 화가가 되어 여러분의 일상생활 중 생각나는 장면을 그림으로 그려보고 어떤 장면인지 설명해 봅시다.

설명

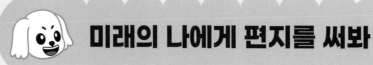

에게

설민석의 초등 한국사 3

정답과 해설

설쌤의 강의를 보고 싶다면?
설민석 한국사

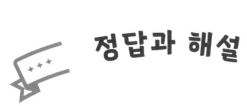

설민석의 초등 한국사 3

정답과 해설

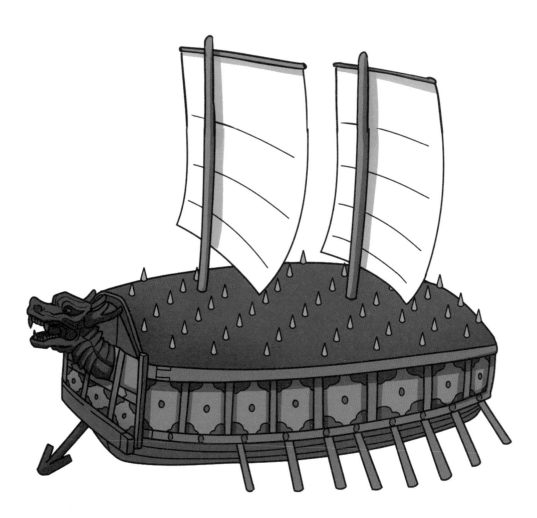

1 새로운 국가 조선, 통치 체제를 정비하다

01 고려의 멸망과 조선의 설계자 정도전, 이방원에게 죽다

초능력 온달 OX 퀴즈 ❶ X 정도전을 비롯한 급진 개혁파가 새로운 나라의 건설을 주장하였다. ❷ O

초능력 핑강퀴즈 ❶ 위화도 ❷ ④
1. 요동 정벌의 명을 받은 이성계는 위화도에서 회군하여 권력을 장악하였다.
2. 태종은 6조 직계제 등 왕권 강화 정책을 추진하였다.

초능력 Level up 문제

01 ①
02 ②
03 (1) 6조 직계제 (2) **예시** 왕권을 강화하고자 실시되었다.
04. ③

01 고려 말 왜구의 침입

정답 찾기
① ㄱ. 고려 말 왜구가 침입하자 화약과 화포를 개발한 최무선이 진포에서 왜구를 물리쳤다(진포 대첩).
   ㄴ. 고려 말 왜구가 침입하자 이성계가 황산에서 왜구를 크게 무찔렀다(황산 대첩).

오답 피하기
ㄷ. 거란의 3차 침입 때 강감찬이 귀주에서 거란군을 크게 물리쳤다(귀주 대첩).
ㄹ. 수가 침입하자 고구려의 을지문덕이 살수에서 적군을 크게 무찔렀다(살수 대첩).

02 정도전

자료 분석
경복궁과 사대문의 이름을 지었으며 불교의 폐단을 지적한 『불씨잡변』을 저술한 성리학자는 정도전이다.

정답 찾기
② 조선을 건국하는 데 큰 공을 세운 정도전은 한양 도성과 경복궁 등 궁궐을 지었으며, 불교의 폐단을 지적한 『불씨잡변』, 법전인 『조선경국전』 등을 저술하였다.

오답 피하기
① 고려 말 왜구가 침입하자 화약과 화포를 개발한 최무선이 진포에서 왜구를 물리쳤다(진포 대첩).
③ 고려 말 위화도 회군으로 권력을 장악한 이성계는 급진 개혁파와 함께 조선을 건국하였다.
④ 고려 말 온건 개혁파 정몽주는 고려 왕조를 그대로 유지하면서 개혁을 실시할 것을 주장하였다.
⑤ 고려 성종 때 최승로는 「시무 28조」를 왕에게 올렸다.

03 6조 직계제

(1) 조선 태종 때 실시된 제도로 의정부의 일을 6조가 맡도록 한 제도의 이름은 6조 직계제이다.
(2) 6조 직계제는 6조가 왕에게 직접 업무를 보고하도록 하여 의정부의 권한을 약화시키고 왕권을 강화하고자 실시되었다.

04 조선 태종의 업적

자료 분석
'이성계의 아들', '두 차례의 왕자의 난', '6조 직계제를 실시' 등을 통해 밑줄 그은 '왕'이 조선 태종임을 알 수 있다.

정답 찾기
③ 조선 태종은 나라의 인구수를 파악하여 정확한 세금을 부과하기 위해 호패법을 시행하였다.

오답 피하기
① 조선 영조 때 탕평비를 건립하였다.
② 조선 중종 때 조광조의 건의에 따라 현량과가 실시되었다.
④ 조선 세종 때 훈민정음을 창제하였다.

02 백성을 사랑하여 한글을 만든 세종대왕

초능력 온달 OX 퀴즈 ❶ O ❷ O

초능력 평강퀴즈 ❶ 칠정산 ❷ ②

1. 조선 세종은 한양(서울)을 중심으로 달력을 계산한 역법서인 『칠정산』을 편찬하였다.
2. 조선 세종 때 해시계인 앙부일구를 제작하였다.

초능력 Level up 문제

01 ①
02 ①
03 (1) 의정부 서사제 (2) 왕권과 신권의 조화를 위해 시행하였다.
04 ②

01 삼강행실도

정답 찾기

① 충신, 효자, 열녀의 모범 사례를 모아 글·그림으로 설명한 유교 윤리서는 『삼강행실도』이다.

오답 피하기

② 『삼국사기』는 고려 인종 때 김부식이 저술한 역사서로, 우리나라에 남아있는 역사서 중 가장 오래되었다.
③ 조선 세종은 우리나라 환경에 맞는 농사법을 정리하여 『농사직설』을 만들었다.
④ 『삼국유사』는 고려 원 간섭기에 승려 일연이 저술한 역사서이다.
⑤ 조선 건국에 큰 공을 세운 정도전이 법전인 『조선경국전』을 편찬하였다.

02 조선 세종의 업적

자료 분석

'훈민정음이라는 문자를 창제'했다는 내용을 통하여 밑줄 친 '왕'이 조선 세종임을 알 수 있다.

정답 찾기

① ㄱ. 조선 세종은 집현전을 설치하여 관리들이 학문을 연구할 수 있도록 하였다.
　ㄴ. 조선 세종 때 김종서, 최윤덕 등이 여진을 정벌하고 4군 6진을 설치하였다.

오답 피하기

ㄷ. 조선 태종 때 호패법을 처음 실시하였다.
ㄹ. 조선 태조 때 정도전은 숭례문 등 사대문의 이름을 지었다.

03 의정부 서사제

(1) 6조에서 담당하는 일을 의정부에서 논의한 뒤 왕에게 보고하도록 한 제도는 의정부 서사제이다.
(2) 조선 세종은 왕권 강화를 위해 6조 직계제를 실시한 태종과 달리 왕권과 신권의 조화를 이루기 위해 의정부 서사제를 실시하였다.

04 장영실

자료 분석

15세기 조선의 과학 기술 발전에 기여한 장영실의 활동을 고르는 문제이다.

정답 찾기

② 조선 세종 때 장영실은 물시계인 자격루를 제작하였다.

오답 피하기

① 거중기를 설계하여 조선 정조 때 수원 화성 건설에 기여한 인물은 정약용이다.
③ 조선 후기 김정호가 대동여지도를 만들었다.
④ 조선 광해군 때 허준이 『동의보감』을 완성하였다.

역 사 논 술

예시 답안 정몽주는 온건 개혁파로서 개혁을 실시하되 고려 왕조를 유지해야 한다고 주장하였다. 따라서 정몽주가 쓴 「단심가」에서 ㉠이 의미하는 것은 고려(고려 왕조, 고려 왕)이다.

03 왕이 될 운명? 수양대군과 나뭇잎에 새겨진 글씨, 조광조

초능력 온달 OX 퀴즈 ❶ X 수양 대군은 조카인 단종을 몰아내고 왕위에 올랐다. ❷ O

초능력 평강퀴즈 ❶ 조광조 ❷ ⑤

1. 조선 중종 때 등용되어 현량과 실시 등 여러 개혁 정책을 추진하였으나 기묘사화로 죽게 된 인물은 조광조이다.
2. 조선 연산군 때 김종직이 쓴 조의제문으로 사림이 화를 입는 무오사화가 일어났다.

초능력 Level up 문제

01 ②
02 ②
03 ㉠ 조광조 ㉡ 현량과
04 ①

01 사화의 발생 순서

자료 분석

(가) 조선 연산군 때 폐비 윤씨의 죽음을 빌미로 많은 신하들이 화를 입는 갑자사화가 발생하였다.

(나) 조선 연산군 때 김종직이 쓴 『조의제문』을 빌미로 다수의 사림이 화를 입는 무오사화가 발생하였다.

(다) 조선 중종 때 조광조의 급진적인 개혁 정책에 반발한 훈구의 주도로 조광조를 비롯한 많은 사림들이 화를 입는 기묘사화가 발생하였다.

(라) 조선 명종 때 외척 세력이 권력을 두고 다투는 과정에서 을사사화가 발생하였다.

정답 찾기

② (나) 무오사화 - (가) 갑자사화 - (다) 기묘사화 - (라) 을사사화 순으로 발생하였다.

02 조선 세조의 업적

자료 분석

집현전을 폐지하고 6조 직계제를 다시 실시한 왕은 조선 세조이다.

정답 찾기

② ㄱ. 조선 세조는 현직 관리에게만 토지를 지급하는 직전법을 시행하였다.
ㄹ. 조선 세조 때 조선 최고의 법전인 『경국대전』이 편찬되기 시작하여 성종 때 완성하였다.

오답 피하기

ㄴ. 조선 중종 때 조광조가 현량과를 실시하였다.
ㄷ. 조선 세종 때 우리나라에 맞는 역법서 『칠정산』을 편찬하였다.

03 조광조

조선 중종 때 ㉠ 조광조의 건의로 실시된 ㉡ 현량과는 관리 추천 제도로, 이를 통해 사림이 관직에 진출하였다.

04 기묘사화

정답 찾기

① '위훈 삭제 등 조광조가 주장한 개혁에 대한 반발' 때문에 발생한 (가) 사건은 기묘사화이다.

오답 피하기

② 조선 순조 때 천주교 신자들이 처형되거나 유배 가는 신유박해가 발생하였다.
③ 조선 광해군의 중립 외교 등에 반발한 서인의 주도로 인조반정이 일어났다.
④ 1882년 구식 군인에 대한 차별과 조선 정부의 개화 정책에 대한 반발로 임오군란이 일어났다.

역 사 논 술

예시 답안 조선 시대에는 무오사화, 갑자사화, 기묘사화, 을사사화 등 네 가지의 사화가 일어났다. 그중 기묘사화는 조선 중종 때 조광조가 공신들의 위훈 삭제를 주장한 것을 원인으로 발생하였다.

01 고려의 멸망과 조선의 설계자 정도전, 이방원에게 죽다

① 위화도 ② 정몽주 ③ 정도전
④ 한양 ⑤ 6조 직계제

02 백성을 사랑하여 한글을 만든 세종대왕

① 의정부 서사제 ② 훈민정음 ③ 4군 6진

03 왕이 될 운명? 수양대군과 나뭇잎에 새겨진 글씨, 조광조

① 직전법 ② 무오사화 ③ 기묘사화 ④ 위훈 삭제

04 신에게는 열두 척의 배가 남아있습니다, 임진왜란

초능력 온달 OX 퀴즈 ❶ O   ❷ X 임진왜란 때 권율이 행주산성에서 대승을 거두었다.

초능력 평강퀴즈 ❶ 곽재우 ❷ ④

1. 임진왜란 때 홍의 장군이라 불리며 활약한 의병장은 곽재우이다.

2. 거란의 3차 침입 때 고려의 강감찬이 귀주에서 거란군에 맞서 싸웠다(귀주 대첩).

초능력 Level up 문제

01 ⑤
02 ②
03 (가) – (나) – (다) – (라)
04 ③

01 한산도 대첩

정답 찾기

⑤ 임진왜란 때 이순신이 학익진 전술로 일본군을 물리친 전투는 한산도 대첩이다.

오답 피하기

① 노량 해전은 이순신이 일본군과 치른 마지막 전투이다.
② 명량 대첩은 정유재란 때 이순신이 일본군을 크게 물리친 전투이다.
③ 진주 대첩은 임진왜란 때 김시민이 진주에서 일본군에 맞서 싸운 전투이다.
④ 행주 대첩은 임진왜란 때 권율이 행주산성에서 백성들과 함께 일본군을 물리친 전투이다.

02 임진왜란

자료 분석

도요토미 히데요시가 일본을 통일한 후 조선을 침략한 '전쟁'은 임진왜란이다.

② ㄱ. 임진왜란 때 권율이 행주산성에서 백성들과 함께 일
　　본군을 물리쳤다(행주 대첩).
　ㄷ. 임진왜란 때 김시민이 진주에서 일본군을 물리쳤다
　　(진주 대첩).

ㄴ. 조선 중종 때 조광조의 급진적인 개혁 정치에 반발한 훈
　구파가 주도하여 조광조를 비롯한 사림파가 화를 입는
　기묘사화가 발생하였다.
ㄹ. 거란의 3차 침입 당시 고려의 강감찬이 귀주에서 거란군
　을 크게 물리쳤다(귀주 대첩).

03 임진왜란 순서

(가) 일본군이 조선에 쳐들어오자 신립이 충주 탄금대에서 일
　　본군에 맞서 싸웠지만 패배하였다(충주 탄금대 전투).
(나) 일본군이 권율이 지키고 있는 행주산성을 포위했으나
　　권율과 백성들이 힘을 합쳐 일본군에 승리하였다(행주
　　대첩).
(다) 행주 대첩 이후 명은 일본에 사신을 보내 휴전을 제안
　　하였고, 일본이 이에 응하며 휴전 협상이 진행되었다.
(라) 휴전 협상이 결렬되자 일본이 다시 침략하는 정유재란
　　이 일어났다. 이후 이순신이 명량(울돌목)에서 일본군
　　에 크게 승리하였다(명량 대첩).

04 임진왜란

'이순신', '한산도 앞바다에서 학익진을 펼치며' 등을 통하여
(가) 전쟁이 임진왜란임을 알 수 있다.

③ 임진왜란 때 권율이 행주산성에서 일본군에 맞서 승리하
　였다(행주 대첩).

① 조선 세종 때 최윤덕이 여진을 몰아내고 4군을 개척하였다.
② 거란이 고려에 침입하자 서희가 외교 담판으로 강동 6주
　를 확보하였다.
④ 조선 세종 때 이종무가 왜구의 소굴인 쓰시마섬을 토벌
　하였다.

역 사 논 술

예시 답안 일본의 도요토미 히데요시가 혼란스러웠던 일본의
전국 시대를 통일하였다. 그러자 도요토미 히데요시는 군사들의
시선을 바깥으로 돌려 일본 내 혼란을 정리하고, 한반도와 중국
대륙까지 침략하기 위해 임진왜란을 일으켰다.

05 추운 겨울 남한산성에서는 어떤 일이 벌어졌을까, 병자호란

초능력 온달 OX 퀴즈 ❶ X 광해군의 중립 외교 이후 인조반정이 일어났다. ❷ O

초능력 평강퀴즈 ❶ ㉠ 후금 ㉡ 청 ❷ ⑤

1. 누르하치가 여진을 통합하여 후금을 세운 후 청으로 나라 이름을 바꿔 조선에 다시 침략하였다.

2. 병자호란의 결과 인조가 삼전도에서 항복하고 청의 군신 관계 요구를 수락하였다.

🙂 초능력 Level up 문제

01 ④
02 ⑤
03 중립 외교
04 ③

01 조선 인조 때의 사실

자료 분석
(가) 후금이 청으로 이름을 바꾼 후 조선에 침입하는 병자호란이 일어났다(1636).
(나) 후금이 조선에 형제 관계를 요구하며 침입하는 정묘호란이 일어났다(1627).
(다) 조선 광해군의 중립 외교 등에 반발한 서인이 주도하여 광해군을 몰아내고 인조를 왕위에 세우는 인조반정이 일어났다(1623).

정답 찾기
④ (다) 인조반정 – (나) 정묘호란 – (가) 병자호란 순으로 전개되었다.

02 병자호란의 결과

자료 분석
후금이 나라 이름을 청으로 바꾸고 조선에 군신 관계를 요구하며 쳐들어온 '전쟁'은 병자호란이다.

정답 찾기
⑤ ㄷ. 병자호란의 결과 조선은 청의 요구를 수용하여 청과 군신 관계를 체결하였다.
   ㄹ. 병자호란의 결과 인조가 삼전도에서 굴욕을 당하였다.

오답 피하기
ㄱ. 조선 선조 때 휴전 협상이 결렬되자, 일본은 다시 조선에 침입하는 정유재란을 일으켰다.
ㄴ. 후금의 공격을 받은 명이 조선에 도움을 요청하자 조선 광해군은 명과 후금 사이에서 중립 외교를 펼쳤다. 이는 인조반정이 일어나는 원인이 되었다.

03 광해군의 중립 외교

조선 광해군은 후금의 공격을 받은 명이 도움을 요청하자 명과 후금, 어느 한쪽의 편도 들지 않는 중립 외교 정책을 펼쳤다. 이는 장수 강홍립에게 명을 도와주는 척 하면서 후금과의 전투를 최대한 피하라는 것이었다.

04 병자호란

자료 분석
'남한산성', '인조가 피신' 등을 통하여 밑줄 그은 '이 전쟁'이 병자호란임을 알 수 있다.

정답 찾기
③ 병자호란의 결과 조선은 청과 군신 관계를 맺었다.

오답 피하기
① 임진왜란 때 김시민 장군이 진주에서 활약하였다(진주 대첩).
② 고려는 여진을 정벌하기 위하여 윤관의 건의에 따라 별무반을 편성하였다.
④ 임진왜란 때 이여송이 이끄는 명의 지원군이 파병되었다.

04 신에게는 열두 척의 배가 남아있습니다, 임진왜란

　① 신립　② 선조　③ 김시민

　④ 권율　⑤ 이순신

05 추운 겨울 남한산성에서는 어떤 일이 벌어졌을까, 병자호란

　① 대동법　② 중립 외교　③ 군신

　④ 남한산성　⑤ 삼전도

탐 구 활 동

예시 답안 　내가 만약 청의 군신 관계를 받아들인다면, 그 이유는 백성들을 위해서이다. 임진왜란과 정묘호란을 거치면서 백성들의 생활은 힘들어졌다. 이런 상황에서 청의 군신 관계 요구를 거절했다가 청의 침략을 당하게 되면 백성들의 생활이 더욱 힘들어지기 때문이다.

내가 만약 청의 군신 관계를 거절한다면, 그 이유는 명에 대한 의리를 지키기 위해서이다. 임진왜란 때 명은 조선을 도와주었다. 이로 인해 명의 국력이 약해졌고 결국 청에게 밀려나게 되었다. 청은 우리를 도와준 명을 공격한 원수의 나라이다. 그렇기 때문에 청과 군신 관계를 맺을 수 없다.

---

3 혼란한 상황이 지속되다! 붕당 정치와 세도 정치

06 혼란이 지속되다, 예송과 환국

초능력 온달 OX 퀴즈 　❶ O　❷ X 조선 숙종 때 간도 문제를 해결하고자 백두산정계비가 세워졌다.

초능력 평강퀴즈 　❶ ㉠ 서인 ㉡ 남인　❷ ④

1. 조선 현종 때 발생한 1차 예송 논쟁에서 자의대비가 상복 입는 기간을 둘러싸고 서인은 1년, 남인은 3년을 주장하였다.

2. 조선 숙종 재위 중 갑술년에 왕이 주도하여 집권 붕당을 뒤집는 환국이 발생하였다.

초능력 Level up 문제

01 ④

02 ④

03 ㉠ 서인 ㉡ 남인

04 ③

01 조선 광해군 ~ 현종 재위 시기의 사실

자료 분석

(가) 조선 현종 때 자의대의 상복 입는 기간을 두고 서인과 남인이 대립하는 예송이 발생하였다.

(나) 조선 숙종 때 왕이 주도하여 집권 붕당을 뒤집는 환국이 세 차례 일어났다.

(다) 조선 광해군은 명과 후금 사이에서 중립 외교를 펼쳤다.

정답 찾기

④ (다) 광해군의 중립 외교 – (가) 예송 – (나) 환국 순으로 전개되었다.

02 조선 숙종 재위 기간의 사실

자료 분석

국왕의 주도로 집권 붕당이 급격히 교체되는 환국은 조선 숙종 때 발생하였다.

정답 찾기

④ ㄴ. 조선 숙종 때 간도 문제를 해결하고자 백두산정계비를 세웠다.

ㄹ. 조선 숙종 때 상평통보가 전국적으로 유통되었다.

오답 피하기

ㄱ. 조선 중종 때 조광조를 비롯한 사림이 화를 입는 기묘사화가 발생하였다.

ㄷ. 조선 인조 때 후금이 조선을 침입하는 정묘호란이 발생하였다.

03 예송

조선 현종 때 효종 비의 죽음에 대한 자의대비의 상복 입는 기간을 두고 서인과 남인 사이에서 2차 예송(갑인예송)이 발생하였다. ㉠ 서인은 효종이 둘째 아들이기 때문에 신하들의 법도에 따라 자의대비가 상복을 9개월 입어야 한다고 주장한 반면, ㉡ 남인은 효종이 왕이기 때문에 왕실의 법도를 따라 자의대비가 상복을 1년 입어야 한다고 주장하였다.

04 조선 숙종의 정책

자료 분석

'희빈 장씨', '환국' 등을 통하여 (가) 왕이 조선 숙종임을 알 수 있다.

정답 찾기

③ 조선 숙종 때 상평통보를 널리 발행하였다.

오답 피하기

① 조선 정조는 왕의 친위 부대인 장용영을 설치하였다.

② 조선 영조는 탕평책의 정신을 알리는 탕평비를 건립하였다.

④ 조선 성종 때 지리서인 동국여지승람을 편찬하였다.

07 우리는 모두의 편, 탕평책을 실시한 영조와 정조

초능력 온달 OX 퀴즈 ❶ O ❷ X 조선 정조는 왕의 친위 부대인 장용영을 설치하였다.

초능력 평강퀴즈 ❶ 탕평책 ❷ ③

1. 제시된 자료는 조선 영조가 건립한 탕평비로 이를 통해 탕평책의 의지를 밝혔다.

2. 청계천 정비 공사는 조선 영조 때 시행되었다.

초능력 Level up 문제

01 ②
02 ④
03 (가) 영조 (나) 정조
04 ①

01 조선 영조의 업적

자료 분석

균역법을 실시하고 『속대전』이라는 법전을 편찬한 왕은 조선 영조이다.

정답 찾기

② 조선 영조는 탕평책의 의지를 밝히며 탕평비를 건립하였다.

오답 피하기

① 조선 정조는 왕의 친위 부대인 장용영을 설치하였다.

③ 조선 숙종 때 청과의 국경 문제를 해결하기 위하여 백두산정계비를 세웠다.

④ 조선 정조는 자신의 정치적 이상을 실현하기 위해 수원 화성을 건설하였다.

⑤ 조선 정조는 젊은 신하를 왕이 스승의 입장에서 재교육하는 초계문신제를 시행하였다.

02 초계문신제

정답 찾기

④ 조선 정조는 왕이 스승이 되어 젊고 유능한 인재들을 재교육하는 초계문신제를 시행하였다.

① 고려 광종 때 과거제가 처음으로 시행되었다.
② 조선 중종 때 조광조가 현량과 실시를 주장하였다.
③ 조선 태종과 세조는 왕권 강화를 위해 6조 직계제를 시행하였다.
⑤ 조선 세종은 왕권과 신권의 조화를 위해 의정부 서사제를 시행하였다.

03 조선 영조와 정조의 정책

(가) 조선 영조는 큰비가 내렸을 때 백성들이 피해 입는 것을 막기 위해 청계천 정비 공사를 진행하였다.
(나) 조선 정조는 자신의 정치적 이상을 실현하고자 수원 화성을 건설하였다.

04 조선 정조의 정책

자료 분석
'혜경궁 홍씨', '화성' 등을 통하여 (가) 왕이 조선 정조임을 알 수 있다.

정답 찾기
① 조선 정조는 왕권 강화를 위해 왕의 친위 부대인 장용영을 설치하였다.

오답 피하기
② 전시과는 고려의 토지 제도이다.
③ 조선 고종 때 흥선 대원군이 경복궁을 중건하였다.
④ 조선 세조 때 편찬을 시작한 『경국대전』은 조선 성종 때 완성되었다.

08 더 이상 못 참겠다! 홍경래의 난과 임술 농민 봉기

초능력 온달 OX 퀴즈 ❶ X 세도 정치기 관리들의 수탈로 백성들의 생활을 더욱 힘들어졌다. ❷ O

초능력 평강퀴즈 ❶ 임술 농민 봉기 ❷ ③, ④
1. 세도 정치기 탐관오리의 가혹한 정치 등에 반발하여 임술 농민 봉기가 전국으로 확산되었다.
2. 홍경래의 난에는 몰락 양반, 농민, 상인 등이 함께 가담하였으며, 청천강 이북민에 대한 차별 대우 등에 반발하여 발생하였다.

초능력 Level up 문제

01 ①
02 ②
03 ㉠ 전정 ㉡ 군정 ㉢ 환곡
04 ②

01 홍경래의 난

자료 분석
평안도 사람들에 대한 차별 대우에 반발하여 홍경래의 난이 발생하였다.

정답 찾기
① 홍경래의 난은 홍경래 등이 주도하였다.

오답 피하기
② 김종직의 『조의제문』을 계기로 무오사화가 발생하였다.
③ 임술 농민 봉기의 결과 삼정이정청이 설치되었다.
④ 조선 영조는 탕평책의 의지를 밝히기 위하여 탕평비를 설치하였다.
⑤ 조선이 청의 군신 관계 요구를 거절하자 병자호란이 발생하였다.

02 임술 농민 봉기의 결과

자료 분석
백낙신의 가혹한 정치와 삼정의 문란 등으로 진주에서 시작하여 전국으로 확산된 '소동'은 임술 농민 봉기이다.

정답 찾기

② ㄱ. 임술 농민 봉기의 결과 삼정이정청이 설치되었다.

ㄷ. 임술 농민 봉기의 결과 박규수가 안핵사로 파견되었다.

오답 피하기

ㄴ. 조선 현종 때 두 차례의 예송이 일어났다.

ㄹ. 평안도민에 대한 차별 대우에 반발하여 홍경래의 난이 일어났다.

03 삼정의 종류

세도 정치기 때 탐관오리들은 세 가지 세금에 해당하는 삼정을 정해진 양보다 많이 거두면서 백성들을 괴롭혔다. 삼정의 종류에는 땅을 가진 사람에게 부과하는 ㉠ 전정, 성인 남성에게 군대에 필요한 비용을 내도록 한 ㉡ 군정, 곡식을 빌려주고 이자를 붙여 갚도록 한 ㉢ 환곡이 있었다.

04 임술 농민 봉기

자료 분석

'백낙신', '유계춘' 등을 통하여 밑줄 그은 '사건'이 임술 농민 봉기임을 알 수 있다.

정답 찾기

② 임술 농민 봉기의 결과 삼정이정청이 설치되었다.

오답 피하기

① 1894년 제2차 동학 농민 운동 당시 남접과 북접이 논산에서 연합하였다.

③ 1884년 급진 개화파들은 우정총국 개국 축하연을 이용하여 갑신정변을 일으켰다.

④ 1882년 발생한 임오군란의 결과 청군에 의해 흥선 대원군이 톈진으로 납치되었다.

🐶 배운 내용으로 빈칸 채우기

06 혼란이 지속되다, 예송과 환국

① 예송 ② 환국

07 우리는 모두의 편, 탕평책을 실시한 영조와 정조

① 탕평비 ② 균역법 ③ 초계문신제 ④ 수원 화성

08 더 이상 못 참겠다! 홍경래의 난과 임술 농민 봉기

① 홍경래 ② 백낙신 ③ 삼정이정청

4 백성의 고통을 줄이기 위한 세금 제도와 서민 문화의 발달

09 100년에 걸쳐 시행된 법이 있다고?

초능력 온달 OX 퀴즈 ❶ ○ ❷ X 대동법 시행의 결과 공인이 등장하였다.

초능력 평강퀴즈 ❶ 결작 ❷ ②

1. 군포를 2필에서 1필로 줄여주는 균역법의 시행으로 군포 수입의 부족분을 채우고자 지주에게 1결당 2두씩의 결작을 부과하였다.

2. 대동법 시행의 결과 공인이 등장하였다.

😮 초능력 Level up 문제

01 ③

02 ④

03 (1) 대동법 (2) 예 공인이 등장하였다.

04 ③

01 영정법

정답 찾기

③ 조선 인조 때 토지 1결당 4~6두의 세금을 내도록 정한 영정법을 시행하였다.

오답 피하기

① 조선 태종 때 인구 조사와 효율적인 세금 수취를 위해 호패법을 시행하였다.

② 조선 영조 때 군포를 2필에서 1필로 줄여주는 균역법을 시행하였다.

④ 조선 광해군 때 특산물 대신 쌀·베·면포·동전 등을 공납으로 거두는 대동법을 시행하였다.

⑤ 고구려 고국천왕 때 춘대추납의 빈민 구제 제도인 진대법을 시행하였다.

02 균역법

정답 찾기

④ ㄴ. 균역법의 시행으로 군포 수입의 부족분을 채우기 위해 어염세와 선박세를 거두었다.
　　ㄹ. 균역법의 시행으로 군포 수입의 부족분을 채우기 위해 지주에게 1결당 2두씩의 결작을 거두었다.

오답 피하기

ㄱ. 조선 인조 때 토지 1결당 4~6두를 부과하는 영정법을 시행하였다.
ㄷ. 조선 정조는 서얼을 규장각 검서관에 등용하였다.

03 대동법

(1) 조선 광해군은 방납의 폐단을 바로잡기 위하여 경기 지역에서 대동법을 처음으로 시행하였다.
(2) 대동법 시행의 결과 국가에서 필요한 특산물을 대신 사오는 공인이 등장하였다.

04 대동법

정답 찾기

③ '방납의 폐단', '토지 결수를 기준으로 부과', '특산물 대신 쌀, 옷감, 동전 징수', '상품 화폐 경제의 발달' 등을 통하여 (가)에 들어갈 제도가 대동법임을 알 수 있다.

오답 피하기

① 고려 말 신진 사대부의 주도로 과전법이 시행되었다.
② 조선 영조 때 군포를 2필에서 1필로 줄여주는 균역법이 시행되었다.
④ 조선 인조 때 토지 1결당 4~6두의 세금을 부과하는 영정법이 시행되었다.

10 조선 후기 서민 문화의 발달과 실학

초능력 온달 OX 퀴즈 ❶ O　❷ X 지전설과 무한우주론을 주장한 인물은 홍대용이다.

초능력 평강퀴즈 ❶ ㉠ 정약용 ㉡ 거중기　❷ ③

1. 중농학파 실학자 정약용은 거중기를 제작하여 수원 화성을 건설하는 데 기여하였다.
2. 훈민정음은 조선 전기인 세종 때 창제되었다.

초능력 Level up 문제

01 ③
02 ②
03 홍대용은 무한우주론을 주장하며 중국 중심의 세계관을 비판하였다.
04 ③

01 조선 후기 서민 문화의 발달

정답 찾기

③ 조선 후기에 한글 소설, 판소리, 탈놀이, 풍속화 등의 서민 문화가 발달하였다.

오답 피하기

① 통일 신라 말 호족이 성장하였다.
② 고려 12세기 때 무신에 대한 차별 대우 등으로 무신 정변이 발생하였다.
④ 4~6세기 삼국은 한강을 둘러싸고 항쟁을 벌였다.
⑤ 10~13세기 고려에 이민족이 침입하였다.

02 정약용

정답 찾기

② 중농학파 실학자 정약용은 도르래의 원리를 이용한 거중기를 제작하여 조선 정조의 수원 화성 건설에 기여하였다.

오답 피하기

① 중상학파 실학자 홍대용은 지전설과 무한우주론을 주장하였다.

③ 중농학파 실학자 유형원은 『반계수록』을 저술하고, 균전론을 주장하였다.

④ 중상학파 실학자 박지원은 『열하일기』를 저술하였으며, 수레와 선박의 이용을 주장하였다.

⑤ 중상학파 실학자 박제가는 『북학의』에서 소비를 우물에 비유하며 강조하였다.

03 홍대용의 무한우주론

중상학파 실학자 홍대용은 지구가 스스로 돌아간다는 지전설과 지구가 우주의 중심이 아니라는 무한우주론을 주장하면서 중국 중심의 세계관을 비판하였다.

04 박지원

정답 찾기

③ '조선 후기 실학자', '연행사', '양반전', '열하일기' 등을 통하여 (가) 인물이 박지원임을 알 수 있다.

오답 피하기

① 이이는 『성학집요』를 저술하였다.

② 김정희는 『금석과안록』을 통해 북한산비가 진흥왕 순수비임을 밝혔다.

④ 송시열은 조선 후기에 북벌 운동을 추진하였다.

배운 내용으로 빈칸 채우기

09 100년에 걸쳐 시행된 법이 있다고?

① 영정법   ② 대동법   ③ 방납
④ 공인   ⑤ 균역법

10 조선 후기 서민 문화의 발달과 실학

① 한글   ② 유형원   ③ 정약용
④ 홍대용   ⑤ 박지원

3권을 끝까지 해낸 나의 소감 써보기

memo

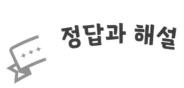

설민석의 초등 한국사 ③

정답과 해설

초등학교

학년   반   번

이름

어린이제품 안전 특별법에 의한 기타표시사항

제품명 도서 | 제조자명 (주)단꿈아이
제품국명 대한민국 | 사용연령 7세이상
전화번호 031-623-1145
주소 경기 성남시 분당구 판교로 242, C동 701-2호
이 제품은 KC 안전기준을 통과하였습니다